Zukunft machen

Das Zukunftsinstitut wurde 1998 von *Matthias Horx* gegründet und gilt als einer der einflussreichsten Think-Tanks der europäischen Trend- und Zukunftsforschung. Die Zentrale des Zukunftsinstituts hat ihren Sitz in Kelkheim/Frankfurt; eine Dependance befindet sich in Wien. Darüber hinaus greift das Zukunftsinstitut auf ein satellitenartiges Netzwerk von Zukunftsforschern, Top-Referenten und Studienautoren zurück. Das Zukunftsinstitut gliedert sich in vier Geschäftsbereiche:

- Entscheidern aus Marketing und Management werden in Tagesseminaren der *Zukunftsakademie* die wichtigsten Instrumente und Methoden der Trend- und Zukunftsforschung vermittelt. Die Zukunftsakademie wird von *Andreas Steinle* geleitet.
- »Zukunft live erleben« lautet das Motto, unter dem das Zukunftsinstitut Vorträge, Workshops und öffentliche Seminare seiner Trend- und *Zukunftsreferenten* anbietet.
- Mit dem Coaching- und Consulting-Programm des *Zukunftsconsulting* bietet das Zukunftsinstitut für Unternehmen individuelle, kompakte Lösungspakete. Hierzu kommt das Zukunftsinstitut direkt ins Unternehmen. *Jeanette Huber* zählt zu den Top-Referenten und Consultern. Zugleich ist sie Mitglied der Geschäftsleitung.
- Im *Zukunftsverlag* erscheinen monatlich Branchenstudien und Trenddossiers, der jährliche Trend-Report, Zukunftsletter, Spezialletter, Auftragsstudien und Bücher. Der Zukunftsverlag wird von *Dr. Eike Wenzel* verantwortet.

Matthias Horx, Jeanette Huber, Andreas Steinle, Eike Wenzel

Zukunft machen

Wie Sie von Trends zu
Business-Innovationen kommen

Ein Praxis-Guide

Campus Verlag
Frankfurt/New York

Bibliografische Information der Deutschen Nationalbibliothek:
Die Deutsche Nationalbibliothek verzeichnet diese Publikation in der
Deutschen Nationalbibliografie. Detaillierte bibliografische Daten
sind im Internet unter http://dnb.d-nb.de abrufbar.
ISBN 978-3-593-38468-9

Das Werk einschließlich aller seiner Teile ist urheberrechtlich geschützt.
Jede Verwertung ist ohne Zustimmung des Verlags unzulässig. Das gilt
insbesondere für Vervielfältigungen, Übersetzungen, Mikroverfilmungen
und die Einspeicherung und Verarbeitung in elektronischen Systemen.
Copyright © 2007 Campus Verlag GmbH, Frankfurt/Main
Projekt- und Redaktionsleitung Zukunftsinstitut: Heike Reuther
Redaktion Zukunftsinstitut: Christian Rauch
Illustration: Jünger + Michel, Berlin
Umschlaggestaltung: Init GmbH, Bielefeld
Satz: Publikations Atelier, Dreieich
Druck und Bindung: Druckhaus »Thomas Müntzer«, Bad Langensalza
Gedruckt auf säurefreiem und chlorfrei gebleichtem Papier.
Printed in Germany

Besuchen Sie uns im Internet: www.campus.de

Inhalt

Wie man die Zukunft macht 7

1. Futuring – die Geheimnisse der Zukunftswissenschaft 10

Eine kleine Geschichte der Zukunft 11
Fünf Archetypen 14
»Kunst« der Prognose 15
Wie unsere Medien Prognosen filtern 20

2. Wie man der Zukunft hinterherspürt 26

Königsaufgaben der Trend- und Zukunftsforschung 26
Problem des Trend-Opportunismus 27
Grundmethoden der Trend- und Zukunftsforschung 29
Die wichtigsten Trendkategorien 30

3. Von Trends zu Märkten 32

Megatrends – die unterschwelligen Triebkräfte
des Konsumverhaltens 32
    Megatrend Alterung – Die Verjüngungsgesellschaft 36
    Megatrend Gesundheit – Der Healthstyle von morgen 44
    Megarend New Work – Zeitarbeit für alle 50
    Megatrend Bildung – Die Hochbildungsgesellschaft 55
    Megatrend Frauen – Feminisierung der Kultur 59
Von der Trendidentifikation zur Umsetzung 64
    Trends erkennen 65
    Trends filtern 69

Trends bewerten 76
Trends umsetzen 82

4. Von Trends zur Innovation 88

Von Megatrends zu Markttreibern 88
Schlüsselstrategien für die Märkte der Zukunft 91
    Innovationsstrategie 1: »More for less« 91
    Innovationsstrategie 2: Geschäft mit »Nicht-Kunden« 99
    Innovationsstrategie 3: Die »3-D-Innovation« 104
    Innovationsstrategie 4: »Empowerment-Business« 118
    Innovationsstrategie 5: Navigation 128

5. Der Dreisprung: Megatrends – Wertewandel – Neuer Konsum .. 136

Megatrends und Wertewandel schaffen neue
Konsumlandschaften 136
LOHAS – die neue Super-Zielgruppe 143
LOHAS-Marken: Vier erfolgreiche Geschäftsmodelle
für die Märkte von morgen 149
    Alnatura – Bio-Retailer par exellence 149
    iPod – Trendikone des digitalen Lifestyles 153
    Netflix – Das Business mit den temporären Dingen 158
    Lifestyle-Living-Hotels – Luxus neu erfunden 163

6. In zehn Schritten zur Business-Innovation 168

7. Trend-Glossar 176

Literatur 187
Die CD-ROM zum Buch 191
Anmerkungen 192
Register 194

Wie man die Zukunft macht

Über Trends und Trendforschung, Prognostik und Zukunftsforschung kursieren Gerüchte, Halbwahrheiten und falsche Vorstellungen. Aber im Grunde ist es ganz einfach: Trends beschreiben Veränderungsbewegungen in Wirtschaft und Gesellschaft. Sie manifestieren sich tagtäglich auf den Märkten und in unseren Lebensweisen, in Kultur, Politik und natürlich im Business. Als gesellschaftliche »Driving Forces« nisten sie sich gewissermaßen in den Quellcodes unserer Welt ein und transformieren Wünsche und Gewohnheiten, Märkte und Institutionen. Diese Prozesse kann man analysieren, diagnostizieren und kartografieren. Das ist gewissermaßen »Basic Work« der Trendforschung, ihr »kognitiver« Teil.

Dass Trends konkret, analysierbar und systematisch aufspürbar sind und keinen »hippen« Neuigkeiten-Kitsch von obskuren Zeitgeist-Propheten darstellen, das soll Ihnen dieses Buch zeigen. Wir möchten aber auch darüber hinausgehen. Es geht nicht nur um die Erkenntnis von, sondern um die Arbeit mit Trends. »Zukunft machen« verstehen wir in einem wörtlichen Sinne, als praktische Anleitung, wie Sie sich anhand von Trends einen Wettbewerbsvorsprung verschaffen können.

Wir beziehen uns mit diesem Arbeitsbuch auf eine Tradition, die längst nicht mehr in den Kinderschuhen steckt. Große Unternehmen aller Branchen haben heute ihre eigenen Trend-Think-Tanks, oder arbeiten in einem Netzwerk mit Zukunftsforschern zusammen. Trend- und Zukunftsforscher sind in vielen Unternehmen längst zu bewährten Partnern bei der Entwicklung neuer Strategien geworden. Auch immer mehr Marktforscher und Sozialwissenschaftler erkennen, dass es nicht mehr darum gehen kann, stur numerisch Markt-Daten abzulesen. Sie integrieren Elemente der Trendforschung in die Marktforschung, oder bedienen sich zumindest des Vokabulars der Zukunfts-Branche.

Mit diesem Praxis-Guide möchten wir Ihnen unser seit Jahren gewachsenes Trendwissen zur Verfügung stellen. Aber mehr noch möchten wir Sie selbst zu trendkompetenten Zukunftsagenten machen. In »Zukunft machen« erhalten Sie Antworten auf folgende Fragen:

- Wie verändern Trends und Megatrends unsere Märkte von heute und morgen?
- Wie kann ich Trends früher und zielsicher erkennen und in unternehmerische Praxis umsetzen?
- Wie gewinne ich aus meinem Trendwissen die richtigen Strategien, um mich innovativ auf meinen Märkten positionieren zu können?
- Wie sehen meine Kunden in der Zukunft aus? Wie verändern sie sich, und wie kann ich diese Veränderungen möglichst schnell begreifen und verarbeiten?
- Welche Wünsche und Werte werden für die Konsumenten von morgen wichtig und wie reagieren avancierte Unternehmen schon jetzt auf veränderte Kundenbedürfnisse?

In den ersten beiden Kapiteln führen wir Sie an die historischen Wurzeln der Trend- und Zukunftsforschung und versorgen Sie in aller Kürze mit dem notwendigen theoretischen Rüstzeug. Wir zeigen Ihnen, auf welchen Modellen (und Missverständnissen) das Zukunftsdenken seit Jahrhunderten beruht. Und dann geht es auch schon in die Praxis. Wir lassen Sie über unsere Schulter schauen und gewähren Ihnen Einblick in Modelle und Methoden der Trend- und Zukunftsforschung.

Besonders wichtig ist uns dabei, dass jeder Schritt mit konkreten Übungsanleitungen, ausreichend Best-Practice-Beispielen und noch weiteren Lernmaterialien wie Checklisten und Charts begleitet wird. »Zukunft machen« ist im besten Sinne ein Workbook. Auf der CD-ROM finden Sie sämtliche Abbildungen, Tabellen und Übungen aus dem Buch, so dass Sie jederzeit und im Kollegenkreis damit arbeiten können. Außerdem beinhaltet die CD-ROM weitere Grafiken, die Sie selbstverständlich auch für Präsentationen einsetzen können. Je tiefer Sie Einblick in unser Handwerk erhalten, desto mehr sind Sie gefordert, selbst zu agieren.

Hier beginnt die zweite Stufe der Trendforschung: Erkenntnis über externe Faktoren wird zu interner Kommunikation und Veränderung. »Zukunft machen«, das heißt, dass Sie, liebe Leserinnen und Leser, selbst aktiv werden und lernen sollen, Ihre eigene Zukunft und die Ihres Unternehmens zu gestalten. Trendforschung kann nicht »von oben herab« verordnen, wie eine Innovation auszusehen oder eine Strategie zu verlaufen hat. Angewandte Trendforschung ist keine »Guru-Arbeit«, sondern ein Selbst-

Reflexionsprozess. Sinnvoll ist Arbeit mit Trends dann, wenn sie in einem Unternehmen einen Resonanzprozess erzeugt. Letztlich geht es um einen Kulturwandel und eine Wahrnehmungs-Veränderung. Wie Alvin Toffler, der Zukunftsforscher, es einmal formulierte: »Es geht in Zukunft darum, nicht mehr aus der Vergangenheit, sondern aus der Zukunft zu lernen!«

In diesem Sinne wünschen die Autoren Ihnen viel Spaß bei der Lektüre. Und viel Erfolg bei der Zukunfts-Arbeit!

Kelkheim im Sommer 2007
Matthias Horx

Kapitel 1

Futuring – die Geheimnisse der Zukunftswissenschaft

>»Es gibt keine Wissenschaft ohne Phantasie,
>und keine Kunst ohne Fakten.«
>*Vladimir Nabokov*

Ist die Zukunft breit oder lang? Diese seltsame Frage stellte die Performance-Künstlerin Laurie Anderson viele Jahre lang auf ihren Performances dem Publikum. Das wusste natürlich damit wenig anzufangen und antwortete stets mit etwas genuscheltem oder schrägem »Yeah!« Für uns aber, als Trend- und Zukunftsforscher oder an Trend- und Zukunftsforschung Interessierte, stellt diese Frage eine interessante Herausforderung dar. Sie handelt im Kern von unseren Zukunftsbildern, die in jeder Kultur, jedem Individuum, jeder Organisation verschieden sind. Sie stellt direkt-indirekt die Frage nach dem Wesen von Veränderung. Wenn man so will: nach dem Wesen der Welt überhaupt.

Entsteht die Zukunft in einem linearen, beschleunigten und damit auch kanalisierbaren und vorhersagbaren Prozess – können wir also von hier und heute aus eine logische Linie in die Zukunft zeichnen? Beschleunigt sich die Entwicklung (von Märkten, Technologie, Ökonomie, Gesellschaft) ständig, sodass der Tunnel, durch den wir fahren, in gewisser Weise enger und determinierter wird? Oder – das ist mit »breit« gemeint – entwickelt sich Zukunft als Fächer von Möglichkeiten? Als steigende Komplexität und Vielfalt? Als Multiversum eher denn als Universum?

Beides hat, als Denkmodell und Metapher, erhebliche Auswirkungen auf unser Denken, auf unsere Mindsets, auf die Art und Weise, wie unser Hirn die Welt abbildet. Und natürlich auf die Frage, wie weit Zukunft prognostizierbar oder überhaupt in irgendeiner Weise operationalisierbar ist. Wir werden noch sehen, wie wichtig diese Ausgangsfragen sind und welch wichtige Rollen sie bereits in der Vergangenheit spielten. Beginnen wir also dort, wo jede Zukunft scheinbar herkommt: mit der Vergangenheit.

Eine kleine Geschichte der Zukunft

In der menschlichen Geschichte existiert keine Kultur, die sich nicht mit der Zukunft auseinandersetzte. Denn anthropologisch ist die menschliche Kultur mit dem Zukunftsbegriff zutiefst verwoben. Das kognitive Hirn, also jenes Hirn, dessen Komplexität über die pure Steuerung von Umweltreaktionen hinausgeht, ist automatisch ein Zukunftshirn, weil es seine musterbildenden Überschüsse im Sinne einer prognostischen Arbeit einsetzt. »Was passiert?« – das ist die Grundfrage des Cortex überhaupt, und wird dann, in all seinen Ableitungen wie »Was passiert, wenn…?« und »Was passiert, wenn ich (die anderen, etwas und so weiter)…?«, zum historischen Bewusstsein.

Immer schon in der Geschichte gab es deshalb Vermittlungsinstitutionen zwischen Gegenwart, Vergangenheit und Zukunft. In den tribalen Gesellschaften waren es die Schamanen, die Zukunft voraussahen und durch Visionen sichtbar machten. In den ersten Hochkulturen dann die Hohepriester, die sie sogar »produzierten« durch Einflussnahme auf die Mächtigen, durch gewaltige Beeinflussungsrituale. Das Beispiel der Maya zeigt, wie solche »Zukunftshysterien« völlig aus dem Ruder laufen und ganze Zivilisationen zerstören können. In vielen Kulturen war die Zukunftsprognose jedoch Teil einer ständigen Selbstregulation und Selbstevaluation. Man kann sagen, dass »gelungene Zivilisation« nichts anderes ist als die Synchronisierung einer Zukunftsprognose mit dem morphischen Prozess der Gesellschaft selbst. Was bei den Maya radikal misslang, gelang in vielen anderen Kulturen: Man konnte sich eine mögliche Zukunft visionieren, und sich dann, in einer gemeinsamen Anstrengung, dorthin auf den Weg machen.

Bis in die Antike herrschte jedoch in den allermeisten gesellschaftlichen Systemen ein zyklischer Zukunftsbegriff vor. Die meisten archaischen Kulturen sind durch Ahnenkulte geprägt, und die Ahnen sagen uns, dass alles ewig wiederkehrt. Die Deutung der Zukunft war also nichts anders als die Deutung von Wiederkehr – des Wetters, des Viehs, des Regens, des Unglücks, der Feier (ein starkes Motiv auch in allen Religionen, einschließlich des Christentums). Das Zeitkontinuum war nicht linear, sondern in Schleifen geordnet und allenfalls durch eschatologische Erwartungen relativiert.

Delphi: Der erste Think-Tank der Welt

In der Antike, mit Beginn vor etwa 2 800 Jahren, entstanden in Griechenland die ersten komplexen Zukunftsinstitutionen – die unabhängigen Orakel. Orakel waren stadtferne, mit den jeweiligen Herrschern nur durch indirekte Bande verbundene Institutionen, die bestimmten Göttern geweiht, aber auch von diesen eine gewisse Autonomie hatten. Ihre Aufgabe war eine Vermittlung zwischen den von den Göttern repräsentierten Mächten und Prinzipien und den weltlichen Institutionen und Angelegenheiten. Und in dieser Konfiguration, in dieser ersten Distanz zwischen den Systemen und den Prognosen, entstand zum ersten Mal so etwas wie die Idee von Fortschritt.

Ganze 500 Jahre, von etwa 600 bis 100 v. Chr. blieb das Orakel von Delphi eine mächtige und florierende Institution, die weit über alle Meere einen guten Ruf ausstrahlte und als Nabel der Welt galt: Herrscher, Staatsmänner, Philosophen, aber auch einfache Bürger der hellenischen Stadtstaaten suchten hier um Rat, und viele von ihnen kamen immer wieder. Sie unterwarfen sich dabei drastischen Ritualen – nicht nur mussten sie bei Opferungen zugegen sein, sie mussten auch bei Wasser und Wein teilweise tagelang in fensterlosen Kammern warten, bis das Orakel sich bequemte zu sprechen. Aber diese Inszenierungen – die Pythia auf dem Stuhl, die unverständliche Worte hervorbringt – waren eben nur die »Benutzeroberfläche« als Teil des gesamten »Systems Delphi«. Dahinter stand ein Priesterorden, der übrigens auch bisweilen von Frauen geführt werden konnte. Der Orden sammelte das Wissen seiner Zeit und verfügte über das damalig schnellste Kommunikationsmittel: laufstarke junge Männer, die ständig zwischen den Städten und Reichen des hellenischen Archipels unterwegs waren.

Delphi war ein *Think-Tank*, wahrscheinlich der erste der Welt. Eine Art Spionagezentrum obendrein, in dem Politik gemacht wurde. Der Aufstieg von Aristoteles wurde etwa von Delphi vorausgesagt und politisch befördert. Die athenische Gerichtsbarkeit geht indirekt auf das Orakel zurück. Der Krieg gegen das persische Reich wurde von Delphi vorbereitet. Es ist mehr als wahrscheinlich, dass der Rat an Krösus keineswegs nur ein Trick war, – »Wenn Du den Thalys überschreitest, wirst Du ein großes Reich zerstören« –, sondern dass er auf einer genauen Einschätzung des militärischen Kräfteverhältnisses zwischen Persern und den Soldaten des lydischen Reiches in Westanatolien basierte. Das Orakel produzierte eine »wissende Spiegelung«, in der sich der Kunde entweder selbst sehen – also erkennen konnte – oder eben nicht. (Gleichzeitig war das Orakel weise genug, um zu wissen, dass man bei manchen Kunden den Realitätshorizont nicht einfach verschieben konnte, wenn diese unter einer Verzerrung litten.)

Renaissance: In großen Schritten der Zukunft entgegen

Das Mittelalter (800–1350) brachte zunächst den zyklischen Zeitbegriff zurück, in dem allein die religiöse Transzendenz den Platz der Zukunft einnahm. Zukunft blieb reiner Schicksalsraum.

Die Renaissance (1350–1750) brachte zum ersten Mal einen ansatzweise rationalen Zukunftsbegriff hervor, der Wissenschaft und Kultur beeinflusste. Leonardo da Vincis Zeichnungen offenbaren bis heute ihren utopischen Charakter. Das Zeitalter der Wissenschaften begann, und mit ihm entwickelte sich die Grundidee des Fortschritts. Utopische Sonnenstaaten hatten damals in den Vorstellungsräumen Konjunktur, Zukunft wurde ein Möglichkeitsraum.

Die Aufklärung (1750–1900) »erfand« schließlich die Zukunft als Raum der definitiven Möglichkeiten. In den revolutionären Umbrüchen Europas nach und um die französische Revolution wurde sie gewissermaßen zur Parole. Zukunft wurde vom Möglichkeitsraum zum Gestaltungsraum.

In der Moderne geriet der Zukunftsbegriff dann in den Mittelpunkt des Denkens überhaupt. Die Perspektive wurde gewissermaßen an den Horizont verlagert und die Zukunft radikal linearisiert. Die industrielle Revolution brachte zwischen 1870 und 1970 beschleunigten technologischen Fortschritt, der die Zukunft zu einer Art unaufhaltbaren Dampfmaschine werden ließ.[1]

Im letzten halben Jahrhundert hat sich der Zukunftsbegriff aufgespalten und immer neue Varianten hervorgebracht. Nach dem Zweiten Weltkrieg herrschte in Europa eher ein existentieller Zukunftspessimismus, der bald in die Zukunftseuphorie des Wirtschaftswunders überging. Die technischen und sozialen Durchbrüche der 60er Jahre begründeten dann den Hyperfuturismus, der sein jähes Ende zwar in der Ölkrise und der Rezession der 70er Jahre fand, heute aber immer noch Renaissancen erlebt. Im breiteren Diskurs herrschten jedoch von nun an die »Paradigmen der Begrenzung«: Umwelt- und Friedensbewegungen dominierten von nun an den Zukunftsdiskurs mit eher apokalyptischen Zukunftsbildern.

Heute kann man unterschiedliche kulturelle Prägungen des Zukunftsbegriffs in den einzelnen Kulturen deutlicher unterscheiden: In Europa herrscht eine generelle Zukunftsskepsis, die in Zukunftsfeindlichkeit überzugehen droht. In den USA befindet sich der idealistische Futurismus, der die amerikanische Gesellschaft zutiefst geprägt hat, in starken Turbulenzen. Und im fernen Osten entwickelt sich heute ein ähnlich linearer Zukunftsbegriff wie bei uns in den 60er Jahren: Alles ist Technik, alles beschleunigt sich. Die japanische wie die chinesische Gesellschaft ist heute eine abenteuerlich Mixtur aus traditionellen Gesellschaftsformen und linearer Technikbeschleunigung, deren Integration noch abzuwarten ist.

Fünf Archetypen

Heute treten folgende Archetypen auf der Bühne der Zukunftsschau auf:

- Der *Doomsayer* sieht die Zukunft als Drohgebärde. Der Verkünder der Apokalypse ist natürlich eine uralte Figur, die im Kontext von Religion und Machtbewahrung immer schon vorkam. Aber im Zeitalter der Massenmedien stehen ihm ungleich größere Ressourcen zur Verfügung. Dies sind vor allem Erwartungsressourcen: die Globalisierungsprozesse und Phänomene im Übergang zur Wissensökonomie versetzen viele Menschen in Angst und Schrecken. Kommunikativ hat der Doomsayer also immer einen großen Vorteil: Seine Aussagen werden gehört. Und Doomsayer haben immer Recht, denn wenn das, was sie prophezeien, nicht eintritt, haben sie eben genug gewarnt.
- Der *Erlösungsvisionär* sieht die Zukunft als finale Verheißung. Auch heute gibt es noch jene »Propheten des beschleunigten Fortschritts,« die Zukunft als Transzendenzbegriff aufrechterhalten.[2] Ray Kurzweill zum Beispiel prophezeit uns »die Singularität«[3] (zum Beispiel in seinem Buch

»Singularity«) für die kommenden Jahre schon seit einigen Jahrzehnten.
- Die *Marketing-Gauklerin* sieht die Zukunft als gesteigerte Nachfrage. Die globale Konsumgesellschaft und der Aufstieg des Marketings zur Leitbranche hat einen weiteren Typus von Prognostiker hervorgebracht, im Kontext der als »Trendforschung« bezeichneten Konsumbetrachtung. Hier wird Zukunft vor allem als eine Veränderung der Konsumnachfrage verstanden.
- Der *Zukunftsbürokrat* sieht die Zukunft als endloses Vielleicht. In den komplexen Organisationen der Weltwirtschaft hat sich eine Vielzahl von Alltagsprognostikern herausgebildet, die sich ununterbrochen mit der Diagnostik und Prognose von Teilsystemen beschäftigen.
- Der *Future-Teller* sieht die Zukunft als Geschichtenerzählung. Er ist bemüht, eine narrative Ebene zu entwickeln. Dazu nutzt er als Hauptinstrument den Spiegel – Prognose als Spiegelung der Gegenwart.

Wir sollten hier zunächst das Archetypische herausstellen: Wir kennen diese Typen seit vielen tausend Jahren. Gleichzeitig zeigt sich in dieser Typologie, dass Prognostik immer auch ein Nachfragephänomen ist: Die prognostischen Typologien passen sich an unsere medialen und ökonomischen Systeme an und modernisieren sich entlang medial-kognitiver Veränderungen.

»Kunst« der Prognose

Dass man »die Zukunft nicht voraussehen kann«, ist heute ein ewiges Bonmot auf allen Veranstaltungen – vor allem auf jenen, bei denen es um die Zukunft geht. Doch die Bilanz der Prognostik ist gar nicht so schlecht, wie sie uns in der veröffentlichten Meinung verkauft wird. Wir müssen unterscheiden zwischen

- memorierten Fehlprognosen, die natürlich einen hohen Unterhaltungswert haben, denn nichts ist schöner als das Scheitern eines Prognostikers, und
- gelungen Prognosen, die in Vergessenheit gerieten. Diese haben natürlich keinerlei Unterhaltungswert, weil sie nicht auf einer kognitiven Dissonanz beruhen: »Eingetretene Prognosen sind langweilig, denn sie sind ja eingetreten.«

In seinem Buch *The Next 100 Years – Then and Now* (*Die nächsten 100 Jahre – Damals und Heute*, 2002) hat der amerikanische Publizist Robert Cartmill den Versuch unternommen, die Qualität von Langfristprognosen wissenschaftlich zu evaluieren. Cartmill verglich 495 Voraussagen von 79 verschiedenen Prognostikern, die um das Jahr 1900 herum Voraussagen für das Jahr 2000 trafen. Das Ergebnis fällt für die Zunft der Zukunftsforscher nicht triumphal, aber auch nicht negativ aus. Am besten schnitt ein gewisser John E. Watkins ab, ein Museumskurator, der seine Prognosen im *Ladies Home Journal* veröffentlichte. Watkins sah präzise die moderne Kriegsführung voraus, beschrieb Fernsehen und Fax, das Handy, die dominante Entwicklung des Automobils. Seine genauen Angaben über die Zukunft der Ernährung – Konservieren, Tieffrieren, Convenience-Food – legen nahe, dass er seine Recherche (er schrieb Briefe an befreundete Experten) als Bedarfsanalyse, nicht als technische Machbarkeitsanalyse betrieb.

Ähnlich pragmatisch und aus der Sichtweise des gesunden Menschenverstandes verfuhr Junius Henry Browne, ein Kaufmann, der im Jahre 1893 eine 100-Jahres-Prognose wagte: »Die sozialen und politischen Umstände des Jahres 1993 werden meiner Meinung nach durch deutliche Verbesserungen der heutigen Verhältnisse gekennzeichnet sein (…) Das Leben wird mehr und mehr zu Humanität tendieren, zur Freiheit und Unabhängigkeit des Individuums. Sozialismus, der immer noch in der Luft liegen wird, wird in einer modifizierten und rationalisierten Form Anerkennung finden. Es wird mehr Gleichheit, Bildung und Glück existieren als in unserem ausgehenden Jahrhundert.«[4]

Diese Prognose nimmt in der Tat unsere heutige Gesellschafts-Konstitution präzise voraus – und ist gleichzeitig viel treffender als alle *schrillen* gesellschaftlichen Utopien des 20. Jahrhunderts. Aber gleichzeitig ist eine solche Schilderung unglaublich langweilig. Wer möchte schon wissen, dass es alles, was es heute gibt, auch morgen geben wird – vielleicht nur etwas anders, etwas komplexer?

Eine kleine Geschichte eingetretener Prognosen

Kriege: Friedrich Engels sah den Ausbruch des Ersten Weltkrieges und Zweifronten-Grabenkrieg mit anschließender Russischer Revolution voraus. H.G. Wells den Zweiten Weltkrieg, allerdings mit einem anderen Anfangsverlauf. Hermann Hesse war schon 1920 davon überzeugt, dass ein

Ausbruch bevorstand, auch wenn er sich nie auf ein Datum festlegte: »In Germany (…) the spiritual mood has something anarchical but also religious and fanatical; it's a mood of apocaylpse and of a future thousand Year Reich.«[5]

Sozialer Wandel und Feminismus: Elisabeth Burgoyne Corbett, französische Utopistin, beschrieb in *New Amazonia – A Foretaste of the Future*, 1889 Geburtenkontrolle und 100-Jahre-Lebensspannen. Dazu sah sie die Fitnesswelle voraus; zum Beispiel imaginierte sie ein Verbot von Aufzügen und Liften aus Fitnessgründen, damit die Menschen wieder Treppen steigen![6]

Sozialer Wandel und Alterung: H.G.Wells prognostizierte in seinem Buch *The Shape of Things to Come* 1933 exakt den demografischen Wandel, wie wir ihn heute erleben. Er schilderte auch die Mentalitätsveränderung durch diese Entwicklung:

»Stellen wir uns einen jungen Mann in Shakespeares Zeit vor. Wenn er nicht jung starb, alterte er schnell. Im Alter von 40 wäre er schwer, alt und pompös. Noch flüchtiger wäre die Vitalität der Frauen. Deshalb würden beide jede Gelegenheit der frühen Liebe und des unreifen Abenteuers wahrnehmen. Die Welt wimmelte von Romeos und Julias auf dem Höhepunkt ihres Liebesverlangens lange vor der 20; in einem Alter also, wo heute Bildung und Studium den Lebenston bestimmen. Ein ganzes Leben wurde in einer Woche des Rausches entschieden, ohne Aussicht, ihm vor dem Tode eine entscheidend andere Wendung zu geben. …«[7]

Heute (also in der Zukunft) aber endet das Leben nicht mit dem ersten Versuch. Die Jahre zwischen 40 und 70, früher eher eine Schutthalde der Konsequenzen der ersten Dekaden, bilden nun die Jahre der Arbeit des Ausdrucks und der wirklichen Selbstentdeckung. Es gab eine Zeit, in der über 40-Jährige sich wie Überlebende fühlten; sie »hielten durch«, sie »blieben dabei«, und spätestens mit 50 erreichten sie den Zustand dumpfer Anschauungen und körperlichen Zerfalls. Aber nun, wo wir uns in unseren gewichtigeren Jahren befinden, während unsere Körper und Ansichten unbeschädigt bleiben, stehen wir nicht mehr im Wege jugendlicher Zumutungen und juveniler Penetranz.

Der Personal-Computer: Ein klassisches Vorurteil lautet: Der PC wurde nicht prognostiziert. Falsch. Genau das tat Gordon Moore mit seinem *Moores Law*. Er sah Computerkapazität auf jedem Schreibtisch.

Das Internet: In *Die Welt in 100 Jahren* von Robert Sloss aus dem Jahre 1912 wurde die Welt der »Ortlosen Kommunikation« genau geschildert:

»Die Bürger der drahtlosen Zeit werden überall mit ihrem »Empfänger« herumgehen, der irgendwo im Hut oder anderswo angebracht, auf eine der Myriaden von Vibrationen eingestellt sein wird. Der Empfänger wird trotz seiner Kompliziertheit ein Wunder der Kleinmechanik sein. Konzerte und Direktiven, ja alle Kunstgenüsse und das Wissen der Erde werden drahtlos übertragen sein. Monarchen, Kanzler, Diplomaten, Bankiers, Beamte und Direktoren werden ihre Geschäfte erledigen und ihre Unterschriften geben können, wo immer sie sind, sie werden eine legale Versammlung abhalten, wenn der eine auf der Spitze des Himalaya, der andere an einem Badeorte ist...«[8]

Auch H.G. Wells »sah« 1937 das Internet in aller Klarheit und Deutlichkeit: »Die Zeit rückt näher, in der wir an jedem beliebigen Ort der Welt in unserem Zimmer sitzen können und mit einem Projektor jedes beliebige Buch, jedes Dokument in exakter Kopie betrachten können.«[9] Und Marshall McLuhan wusste schon 1964: »Men are suddenly nomadic gatherers of Knowledge, nomadic as never before, informed as never before – but also involved into the total social process as never before.«[10]

Die Konsumgesellschaft: Edward Bellamy prognostizierte 1888 in seinem berühmten Bestseller *Looking Backwards* Einkaufszentren, Emanzipation und Konsumindustrie.

Die Wissensökonomie: Peter Drucker erfand in *The Age of Discontinuity* 1954 bereits diesen Begriff – und beschrieb ausführlich die Konsequenzen.

Virtuelle Realität: Stanislaw Lem erfand in den 60er Jahren den Begriff der »Phantomatik« und sagte eine »künstliche zweite Umwelt« voraus.

Der Fall der Mauer: Viele russische Dissidenten prognostizierten den Zusammenbruch der Sowjetunion schon frühzeitig. Andrej Amalrik schrieb in einem Essay 1974: »Das sowjetische Imperium wird im Jahr 1990 Geschichte sein.«[11] Auch der Publizist Emanuel Tood schrieb bereits 1974, dass er den Kollaps der Sowjetunion »in zwanzig Jahren« annahm.

11. September 2001: Ein Think-Tank für die US-Regierung um Peter Schwarz sagte 1999 fast auf den Punkt genau die Art und Weise voraus, mit der sich die terroristischen Aktivitäten im 21. Jahrhundert entfalten würden: »The nature of terrorism is changing – the United States will be victim of high technology attacks on their own territory in the next five years!«[12]

Der Zusammenbruch des Neuen Marktes: Der amerikanische Wirtschaftsjournalist Michael J. Mandel veröffentlichte 1999 ein Buch, in dem er die Ereignisse in der Finanzwelt der Jahre 2001 bis 2005 exakt voraussagte.[13]

Pessimismus gegen differenzierte Weltsicht: Das Beispiel Club of Rome und QOCD-Prognose

1972 prognostizierte der Club of Rome in »The Limits of Growth« gewaltige Rohstoffkostenexplosionen und Hungerkatastrophen für das Jahr 2000 auf einer, wie Dennis Meadows selbst zugab, geringen Datenbasis; »Nur 0,1 Prozent der Daten, die wir zu einem verlässlichen Weltmodell brauchen, sind heute verfügbar.«[14] Wie wir heute wissen, war dies eine glatte Fehlprognose. Aber genau diese blieb am tiefsten in der öffentlichen Meinung verankert.

Eine gründliche Gegenstudie der OECD »Facing the Future«, herausgegeben im Jahre 1973, verstand sich als kritische Hinterfragung der Club-of-Rome-Doomsayer. Sie wurde nie populär. Diese Studie war keineswegs »unkritisch«, aber sie differenzierte die möglichen Verläufe aufgrund besseren Datenmaterials und verfolgte keine propagandistisch-mediale Absicht. Unter anderem wurden antizipiert:

- zweiter Ölschock,
- sinkender Wachstumsraten in der Ersten Welt, Aufschwung Fernasiens,
- steigende Arbeitslosigkeit,
- die Gesamtnachfrage nach Lebensmitteln im Jahre 2000 wird die Produktionsmöglichkeiten nicht überschreiten,
- neue Rohstoffquellen und Technologien entwickeln sich in moderaten Zeitabständen.

Der richtige Weg zur Zukunftsprognose

Eine Analyse der Erfolgsquoten ergibt folgende Schlussfolgerung:

- Spezialistentum macht zukunftsblind: Ausgerechnet da, wo sich der Prognostiker auf einem bestimmten Fachgebiet zuhause fühlt – wo ein Journalist die Zukunft der Zeitungen, ein Telefonerfinder die Zukunft der Telefonie voraussagt –, ist das Ergebnis oft desaströs falsch. Der Grund liegt in der Einengung des Sichtwinkels und in der Projektion

eigener Interessen. (Dieses Argument gilt auch für eine der klassischen Methoden der modernen Prognostik, der Delphi-Studie).
- Sozialer Wandel schlägt Technologie: Die meisten Fehlprognosen fanden nicht auf dem Gebiet der Technik statt, die »blinden Flecke« lagen vielmehr dort, wo es um weiche und soziale Faktoren ging – Rollenwandel zwischen Mann und Frau, Bildung, andere Beziehungen zwischen Menschen. Diese weichen Faktoren beeinflussen oft die anderen, die eher linearen Pfade der Entwicklung und sind deshalb oft Grund für Fehlprognosen.
- Verknüpftes Allgemeinwissen: Die besten Ergebnisse wurden mit gesundem Menschenverstand erzielt – von Museumskuratoren und Kaufleuten. Diese Menschen verfügen über eine besonders breite Allgemeinbildung. Es ist zu vermuten, dass ihre hohe Fähigkeit der Verknüpfung nonkontingenter Systeme, das heißt gesunder Menschenverstand, zu den Erfolgen führte.

Abb. 01: Wie entsteht Zukunft?

Wie unsere Medien Prognosen filtern

Prognosen sind zunächst »commodities«. Sie werden alltäglich überall ausgesprochen, in Form von Klagen (»Es wird alles immer schlechter!«), Wetterberichten, Verwünschungen, Vorurteilen, allgemeinen Vermutungen. Auch ethische Imperative, soziale Normen und »moralische Panikattacken« aller Art basieren immer auf einer implementierten Zukunftsannahme – man denke an die Egoismusdebatte des Jahres 2005, als der *Spiegel* den endgültigen Untergang der Familie voraussagte. Unsere mediale Umwelt wimmelt heute zudem von Zukunftsaussagen, die mehr oder weniger deutlich von lobbyistischen Gruppen in Auftrag gegeben werden: »Studien haben festgestellt, dass eine Zunahme…« – Hinter solchen Formulierungen stecken fast immer Interessenverbände, die Lifestyle-Medikamente, Functional Food, Dienstleistungen oder auch nur bestimmte Bilder (im Sinne von marketinggeleiteten Images) vermarkten wollen.

In der modernen Medienkultur durchläuft jede Prognose immer einen mehrstufigen Filterprozess:

- Autorität: Wer darf sprechen?
- Opportunität: Welche Aussage wird gewünscht oder gefürchtet?
- Erwartung: Welche »Patterns of Expectation« herrschen im rezipierenden System?
- Relevanz: Wie hoch ist der »kognitive Reiz« der Aussage?

Die Prognose unterliegt also einem rigiden Filtersystem aus Erwartungen, Ideologien (Weltbildern) und kognitiven Rastersystemen, die entweder »sensationell enttäuscht«, oder »sensationell bestätigt« werden wollen. Die Aussage »0,5 Prozent mehr Scheidungen im Jahr 2010 zu erwarten« wird keine öffentliche Wahrnehmung erhalten. Wohl aber die Prognose »Bald hält keine Ehe mehr!«. Bei »Bald hält keine Ehe mehr!« können sich Menschen, die in einer glücklichen Ehe leben, einen kognitiven Abgrenzungseffekt abholen – *uns* geht es noch gut! Diejenigen, die in Beziehungs- oder Partnerschaftsproblemen leiden, können sich »im Trend fühlen« – und deshalb ebenfalls entlasten.

Prognosen sind ein Markt wie jeder andere

Wenn wir dieser Prämisse einmal konsequent folgen, können wir das kommunikative System der Prognose von beiden Seiten verstehen. Grundsätzlich lassen sich folgende »Angebotsintentionen« eines prognostischen Aktes definieren:

- Erretten: Die Intention der Warnung und Verhinderung,

- die Machtbehauptung (durch Hoheit über Zukunftsverläufe) im Rahmen eines religiösen oder kognitiven Systems,
- die Strafintention: »Ihr seid schuldig, weil...«,
- die Marktintention: Kauf oder Erwerb bestimmter Dinge, Änderung des Marktverhaltens, Anpassung von Managementsystemen an höhere Effektivität.

Bei den Empfängern prognostischer Akte lassen sich folgende primären Nachfragemotive ausmachen:

- Die Nachfrage nach Verhaltenssicherheit und Verhaltensanleitung,
- die Nachfrage nach Weltordnung und Sinn,
- die Nachfrage nach Schuldzuweisung,
- die Nachfrage nach Sensation und »Future Thrill«.

Die psychologischen Funktionen von Prognosen lassen sich wie folgt verstehen:

- Warnungen: Eine Prognose, die eine Warnung ausspricht, hat stets einen hohen Aufmerksamkeitswert und lässt die Option der Vermeidungshandlung – oder aber bei unbeeinflussbaren Katastrophen die Kompensationshandlung – zu.
- Bestätigungen: Eine Prognose, die einer bestimmten Entwicklung, an der Menschen teilhaben, Recht gibt, bestärkt uns schlichtweg in unseren Handlungen und Interessen. Dies ist der affinitive Effekt von Prognosen.
- Abgrenzungen: Viele Prognosen werden zunächst oder für immer mit Ablehnung rezipiert: »Das stimmt sowieso nicht!« oder »Das glaube ich nicht, so ein Unsinn!«. Dies ermöglicht dem Rezepienten die effektive Bewahrung der eignenen Identität gegen eine Zumutung in Form einer Prognose. Dies ist der Distanzierungseffekt der Prognosen.
- Erkenntnisgewinn: Schließlich gibt es noch eine Art von Prognose, die tatsächlichen Erkenntnisgewinn bedeutet. Die Komplexität eines dynamischen Systems wird hier sichtbar gemacht und setzt sich in einer höheren kognitiven Kompetenz des Rezipienten um: Wir erkennen die Welt besser! Die dadurch erzeugte Komplexitätssteigerung ermöglicht einen sinnvollen Wandlungsprozess, in dem Anpassung, Innovation und/oder Vermeidung eine Rolle spielen.

Prognosen der ersten und der zweiten Art sind leicht zu erzielen, wenn man auf der Klaviatur der Medien und der Ängste spielt. Sie sind aber im hohen Maße profan, da sie auf opportunistischen Interessen aufbauen, oder sogar gefährlich: Mit katastrophischen Prognosen kann man Macht und Unterdrückung legitimieren. Prognosen der dritten Art sind alltäglich, sie sind das »trocken Brot« des Prognostikers, der natürlich niemals etwas gilt in seinem »Vaterland« (das heißt Rezipientensystem). Aber gerade diese Tatsache »adelt« ihn, denn ohne diese Ablehnung könnte sein System nicht funktionieren. Die vierte Art der Prognose ist das eigentliche Problem – und, wenn man so will, das wahre Gold sowie der Kernethos der Trend- und Zukunftsforschung.

Zukunftsforschung ist, in ihrem kommunikativen Kern, eine reflexive Disziplin. Sie nutzt die Zukunftsfrage als Spiegelung und mentales Instrument zur Erweiterung kognitiver Fähigkeiten. Sie basiert, wie die antiken Wissenschaftsdisziplinen, auf der Intensität der Fragestellung, die dann in einem dialektischen Prozess »erlöst« wird. Wie muss unser Unternehmen in zehn Jahren aussehen? – Wie möchte ich mit 70 sein? Diese Fragen, hart und glasklar gestellt, bringen uns weiter!

Auf den Punkt gebracht

»Jede Zukunft ist das selbstkritische Bild einer Gegenwart. Und in jeder Gegenwart konstituiert sich die Zukunft neu. So können wir die Prognosen als Selbstbeobachtungen der Gesellschaft verstehen, durch die sie sich selbst verändert. Moderne Gesellschaften sind dadurch charakterisiert, dass sie eine »metapreference in favour of challenging the prevailing preferences« haben. Moderne Gesellschaften evaluieren sich selbst und entwickeln dabei die Metapräferenz, andere Präferenzen haben zu wollen. Sie evaluieren durch Selbstkritik.«

Norbert Bolz, »Blindflug mit Zuschauer«

Das Prognostische Paradox

Dem »Prognostischen System« – verstanden als Kommunikationsakt zwischen Prognostiker und Rezipient – liegt ein tiefes Paradox zugrunde, dessen Wesen wir verstehen müssen. »Gelungene«, das heißt vom Rezipienten bejahte Prognosen haben Auswirkungen. Sie erzeugen ihrerseits ein Handeln, das die Ausgangslage, auf der die Prognose basierte, verändern muss. Jede Prognose »verfälscht« damit gleichzeitig das, was sie prognostiziert, wenn sie ernstgenommen wird. Dieser Prozess kann bewusst oder unbewusst verlaufen: Ich glaube an eine Prognose, und deshalb handele ich besonders so, dass sie eintritt. Oder ich glaube an sie und tue, weil mich etwas an ihr stört, etwas, um ihr Eintreten zu verhindern (self-fulfilling or self-denying prophecy).

Auf den Punkt gebracht

»Die menschliche Rasse hat von Anbeginn an Kinderspiele gespielt... Eines dieser Spiele heißt »Den Propheten Lügen strafen«. Die Mitspieler hören dabei sehr genau und ehrerbietig auf alles, was die gescheiten Männer sagen, was in der nächsten Generation geschehen soll. Die Mitspieler warten dann, bis die gescheiten Männer tot sind, begraben sie hübsch ordentlich. Dann gehen sie hin und tun das genaue Gegenteil.«

Gilbert H. Chesterton, 1905

Durch diese »Trotzreaktion« wird jede Prognose in gewisser Weise zu einem »Paradox-an-sich«. Für die seriöse prognostische Arbeit erzeugt dies ein unauflösbares Dilemma. Es steigert die Komplexitätsanforderung ins Astronomische, denn nun muss eine Prognose auch die Reaktionen der Rezipienten rezipieren, und daraufhin die Prognose verändern oder anpassen, was wiederum die Reaktion des Rezipienten verändern würde, was...

Eine mögliche Antwort auf dieses Dilemma könnte lauten: Wir können nur Prognosen über Systeme machen, in denen das menschliche Verhalten keine Rolle spielt.

Diese metakognitive Erkenntnis scheint zunächst ohne Auswirkungen zu bleiben, denn welches System sollte ohne Menschen, ohne Affekte, Emotionen, Interessen und so weiter funktionieren? Zwar sind mechanische Systeme wie etwa Planetensysteme hochgradig prognostizierbar, im Rahmen des Zukunftskognitionsproblems aber eher weniger relevant: Wir kennen alle Mondfinsternisse der nächsten 100 000 Jahre.

Die Entwicklung der modernen Wissenschaften gibt uns jedoch einige Möglichkeiten in die Hand, das prognostische Paradox zumindest zu »zähmen«. Wenn wir systemisch denken, dann sind menschliche Systeme in einem weitaus höheren Maße objektivierbar als früher. Der »subjektive« Faktor wird bei einer Steigerung der kognitiven Komplexität entweder »geoutet« oder »hineingerechnet«. Das beste Beispiel für diesen Effekt ist der Erfolg der Evolutionären Psychologie, die uns zahlreiche menschliche »Irrationalitäten« heute mit den evolutionären Konstanten der menschlichen Existenz erklären kann. Insofern glauben wir an die Möglichkeit eines Fortschritts in den Zukunftswissenschaften. Ja, wir können Prognosen verbessern, indem wir die Systeme, in und von denen sie handeln, besser verstehen lernen. Ja, wir können lernen, Komplexität besser darzustellen.

Kapitel 2

Wie man der Zukunft hinterherspürt

Über das, was eigentlich ein Trend ist, herrscht im Allgemeinen große Verwirrung. Die meisten Menschen setzen den Begriff mit »Mode« gleich. Moden sind aber schwer definierbar und schon gar nicht verifizierbar; sie unterliegen einer reinen »Behauptungslogik« innerhalb eines geschlossenen Interpretationssystems. Jede Mode lässt sich behaupten.

Trends lassen sich auf verschiedenen Ebenen definieren – davon handelt dieses Kapitel. In unserem Sinne, also dem Sinn der professionellen Trend- und Zukunftsforschung, sind Trends Einflusskräfte, die auf Systeme – Unternehmen, Gesellschaften, Individuen – einwirken. Ihre Kenntnis ist die Voraussetzung bewusster Veränderungsprozesse – und genau darum geht es.

Königsaufgaben der Trend- und Zukunftsforschung

Jeder Managementprozess ist in seinem Wesen ein Zukunftsprozess. Und jedes Unternehmen muss die Trends zumindest in seinem spezifischen Sektor, aber auch in seinem Marktumfeld, kennen, um zu überleben. Deshalb stellt sich die Frage, ob es neben der klassischen Managementberatung, wie sie von den McKinseys und Accentures dieser Welt angeboten wird, überhaupt noch Platz für eine weitere Dimension von Beratungsdienstleistung im Kontext von Trend- und Zukunftsforschung geben kann.

Klassische Beratung gibt Antworten. Sie rät den Firmen etwas, was diese zu befolgen haben. Hingegen ist der Ansatz der Trend- und Zukunftsforschung ein anderer. Hier stehen die 3I im Vordergrund.

Inspiration: Zukunftsarbeit muss einen »beseelenden« Aspekt haben, indem sie Ideen, Sichtweisen, und Dynamiken anbietet, die neu und frisch wirken.

Irritation: Zukunftsarbeit soll und muss das Mindset des Kunden auf intelligente Weise hinterfragen und herausfordern.

Integration: Schließlich sollen Erkenntnisse und Systeme in das Unternehmen inkorporiert werden. Einerseits als veränderte Wahrnehmungsstruktur dynamischer Systeme, andererseits als Instrumente verbesserter Frühwarnung (Monitoring, Prozessbeobachtung, virtuelle Innovation und so weiter).

Auf den Punkt gebracht

»Good future forecasts are like detective work, based on three factors: means, motive and opportunity.«

Bruce Sterling

Trendforschung muss in folgenden Dimensionen Leistungen erbringen:

- Narrativ: Gute Geschichten erzählen! Aber auch: gute »Namings« finden. Das Finden von Worten für bestimmte Wandlungsphänomene ist ein wichtiges Element.
- Kommunikativ: Sie muss durch die Inhalte, die sie vermittelt, Kommunikationsprozesse in Gang setzen, die zu einer Bewusstseins- und Kulturerweiterung im Unternehmen führen.
- Mental: Sie muss die Mindsets der Kunden zumindest erschüttern, wenn nicht (in einem kooperativen Prozess) verändern.
- Informell: Schließlich bedingt Trend- und Zukunftsforschung auch eine handwerkliche Form: Der Informationsfluss über Zukunftseinflüsse soll in einem Unternehmen erhöht werden – zum Beispiel durch Monitoring- oder Frühwarnsysteme.

Problem des Trend-Opportunismus

Gleich zu Beginn müssen wir uns noch mit einem weit verbreiteten Phänomen auseinandersetzen: dem so genannten Trendopportunismus. In praktisch jedem Seminar, auf jedem Vortrag, werden Trendforscher gefragt, was »im Trend liegt«. Das ist nur natürlich so, erzeugt aber ein weiteres Paradox, mit dem nicht einfach umzugehen ist. Die Aussage darüber, was

»im Trend liegt« hat nämlich vielfältige Tücken. Zunächst ist ja nicht klar, welches System hier gemeint ist. Liegt ein Produkt im Trend? Das könnte zum Beispiel daran liegen, dass die Marke oder Firma ein besonders gutes Marketingkonzept verwirklicht hat. Es wäre dann eigentlich die Werbung, die »im Trend liegt« – das Produkt ist womöglich völlig zweitrangig. Alle wollen Scooter fahren, that's it!

Wenn das Produkt »im Trend liegt«, dann müsste man eigentlich den Trend erklären, auf dem das Produkt surft. Also jene Einflusskraft, die hinter dem Produkt steht und seinen Erfolg antreibt. Dies müsste ein soziales Phänomen sein, ein Wertewandel, eine soziokulturelle Bewegung. Biokost ist in, weil sich die Ökologiebewegung durchsetzt. Und diese ist Teil eines größeren Wertewandelzusammenhangs. Scooter sind Teil einer urbanen Mentalität.

Erstaunlicherweise interessiert das aber viele Kunden und Rezipienten überhaupt nicht. Sie nehmen das Symptom als Trend wahr. Das Produkt ist der Trend, mehr müssen wir nicht wissen. In der Umkehrargumentation fragen Kunden oder Rezipienten sehr oft: »Wie kann man Trend eigentlich machen?«

Was sich hier ausdrückt, ist eine weit verbreitete Einengung des Trendbegriffs. Trends werden als kollektive Glaubenssysteme wahrgenommen, so etwas wie Gemeinschaftshysterie, in der eben etwas in wird, was nun alle haben wollen. Angenommen, das wäre wirklich so: Was wäre die richtige und adäquate geschäftliche Reaktion auf ein solches Phänomen? Die Kunden wollen natürlich nur eines: mitmachen. Dabei entsteht sofort ein neues Problem: Wenn man Trends auf Produkte oder kleinräumige kulturelle Äußerungen, also Moden, verkürzt, hat man kein kognitives System, um die Dimension des Trends einschätzen zu können. Der Kunde glaubt also erst an einen Trend, wenn die totale Vermassung des Produkts schon da ist. Und das ist, siehe die Erfahrungen an der Börse, natürlich genau der falsche Zeitpunkt um einzusteigen. Trendopportunismus speist sich aus einem falschen, weil linearen Denken, das blind gegenüber dem systemischen Effekt ist, den bestimmte Wellen, Phänomene, Veränderungen erzeugen.

Trends entstehen in den Tiefen des Systems

In der Praxis erweist es sich oft als viel besser, den Gegen-Trend zu suchen. Wenn es tatächlich einen opportunistischen Trend gibt, dem alle hinterherrennen, muss man fragen: Welche Mängel und Knappheiten erzeugt das? Welche Gegenreaktionen werden hier ausgelöst? Wer auf diese Effekte setzt, hat genug Zeit, einen Markt dann zu formen oder ihm beizutreten, wenn er sich in jener jungen Phase befindet, in der der Einsatz lukrativ ist. Komplexe Systeme – und Konsum ist ein komplexes System – arbeiten immer mit dem Prinzip der Entfaltung. Ein Beispiel: Wenn man den Trend zum Fast Food opportunistisch wahrgenommen hat, hat man mit Sicherheit den Trend zum Bio verschlafen.

Die Arbeit der Trend- und Zukunftsforschung ist also genau nicht das Ausrufen opportunistischer Trends, sondern das Zurücktreten von den Oberflächenwahrnehmungen. Wir müssen unsere Kunden zwingen (oder sie dazu anregen) einen Schritt zurückzutreten, um das ganze Bild zu sehen. Das System und seinen Wandel verstehen – und dann die richtigen operativen Schlüsse ziehen, darum geht es. Nicht darum, das zu propagieren, was alle machen.

Grundmethoden der Trend- und Zukunftsforschung

Im Folgenden stellen wir Ihnen die einzelnen Grundmodule, die »Tools« der Trend- und Zukunftsforschung näher vor.

Trend-Scouting: Bei diesem Instrument nutzt man klassische »Rapport«-Techniken zur Früherkennung wiederkehrender Muster der Alltags- und Konsumkultur. Meist werden junge Menschen in die »Szene« geschickt, um Modephänomene und Verhaltensmuster abzulesen. Dieses Instrument hat sich, obwohl seit den 90er Jahren als Dauermedienthema gefeiert, nur in sehr kleinen und genau abgegrenzten Nischen (zum Beispiel Mode und Kosmetik) durchgesetzt. Das Problem liegt vor allem in der ungenauen Methodik, einem überstarken subjektiven Faktor und der ungelösten Frage, wie sehr Avantgarde tatsächlich den Mainstream bestimmt.

Delphi-Methode: Bei dieser Methode wird eine bestimmte Frage oder prognostische Aufgabe an ein größeres Expertensystem gestellt. Die Methode hat sich grundlegend bewährt, krankt aber nicht selten an der »Tunnelung« durch Experten (Verzerrung durch Eigeninteresse und hermetische Weltwahrnehmung). »Delphi Studies do not produce »truth« about the Future, they yield, even under the best circumstances, only consensus opinions about what might be«, so Theodore J. Gordon.

Szenarios: Diese seit den 80er Jahren bewährte und vielfach genutzte Methode entwickelt Langfristmodelle in alternativer Möglichkeitsform. Obwohl wissenschaftlich und analytisch »sauber«, ist die Methode inzwischen bei den meisten Unternehmen in Ungnade gefallen. Sie ist sehr aufwändig (teuer) und bringt meistens nur unscharfe oder allgemeine Erkenntnisse. Ihre Rückkopplung in die strategische Planung ist nur in einigen wenigen Fällen (zum Beispiel bei Shell, einem Großkonzern, der schon seit den 60er Jahren mit Szenariotechnik arbeitet und sich deshalb frühzeitig mit erneuerbaren Energien beschäftigte), gelungen.

Kontextanalyse: Die Grundtechnik der Trend- und Zukunftsforschung bleibt nach wie vor die Kontextanalyse, die nach folgendem Grundmuster verfährt:

- Monitoring oder Scanning-Prozesse sind die Suche nach der Häufung von »schwachen Zeichen« (auf den kulturellen Oberflächen). Dazu dient die Analyse von Zeitungen, Zeitschriften, Fernsehen, Internet und so weiter. Die Qualität dieses Verfahrens hängt von zwei Parametern ab: a) der Menge und Relevanz des gescannten Materials und b) der Qualität des Evaluationssystems, das heißt der wissenschaftlichen Tiefe der dahinterliegenden Modellbildungen.
- Wild Cards: Und wie steht es mit den Trendbrüchen, mit den völlig unerwarteten Ereignissen der Weltgeschichte? Wie es Alec Cairncross, Chefökonom der britischen Regierung, nach dem Zweiten Weltkrieg formulierte, lauern hier die wahren Fallen für die Zukunftsschau: »A Trend is a Trend is a Trend. But the question is: will it bend?« Auch zu dieser Frage gibt es ein Instrument, die so genannte Wild-Card-Technologie. Hier werden »Unwahrscheinlichkeitskarten« ausgeteilt und die Reaktion von Unternehmen (Individuen/Systemen) darauf simuliert.

Die wichtigsten Trendkategorien

Wenn wir Trends als Veränderungsprozesse definieren, dann müssen wir sie auch nach Relevanz, Länge und Intensität »clustern«:

- *Metatrends*: Ganz unten, gewissermaßen in der »Basiswoge«, verlaufen die großräumigen und universellen Metatrends: die Grundregeln der Natur, die evolutionären Gesetze mit Ewigkeitscharakter, zum Beispiel der Trend zur Komplexität.

- *Megatrends* handeln von großflächigen Veränderungen, deren Dimensionen von Gesellschaft bis Zivilisation, von Technologie bis zu den ökonomischen Grundzyklen reichen. Bestes Beispiel ist die Globalisierung. Einen Megatrend definieren wir wie folgt:
  - Er dauert mindestens 30 bis 50 Jahre,
  - bildet Signale in allen Lebensbereichen,
  - hat grundlegend globalen Charakter und
  - verträgt auch Backslashs, also vorübergehende Rückschläge.
- *Soziokulturelle Trends* sind nun die interessanten Hybriden in diesem Modell. Entlang von ihnen kann man gut »gesellschaftliche Geschichten« erzählen. Sie handeln von Lebensgefühlen und Sehnsüchten der Menschen, von Mangelerscheinungen und »ungedeckten Schecks« der Kulturgeschichte. In ihnen drücken sich oft Defizite aus, die in der gesellschaftlichen Entwicklung zum Vorschein kommen. Man denke an den »Slowness«- oder »Simplify«-Trend, der unsere Sehnsucht nach einem entschleunigenden Lebensstil ausdrückt.
- *Konsumententrends* verlaufen in der Schiene von Marktzyklen, gesellschaftlichen Wandeln sowie Produkten und Moden. Marketingtrends befinden sich ganz ausschließlich in der Welt der Marketingsprache und -phänomene.

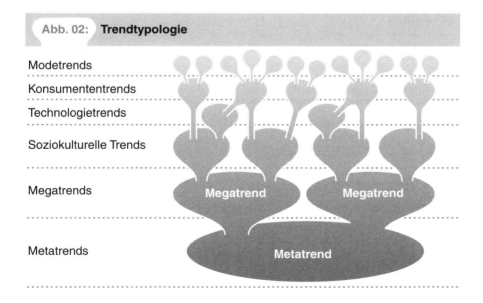

Abb. 02: **Trendtypologie**

Kapitel 3

Von Trends zu Märkten

»Im Anfang war das Wort.« Dieser biblische Satz hat auch für die Arbeit mit Trends seine Gültigkeit. Wir müssen Trends einen Namen geben, bevor wir über sie sprechen können. Wir müssen die Phänomene mit Worten beschreiben, bevor sie zur Grundlage für unsere Planungen und Strategien werden können. Und wir müssen sie von allen Seiten beleuchten und betrachten, sonst bleiben Trends leere Worthülsen. Das vorliegende Kapitel dient der Beschreibung und Auseinandersetzung mit den wichtigsten Megatrends. Was steckt zum Beispiel wirklich hinter dem Phänomen der Alterung der Gesellschaft? Was bedeutet New Work, der Übergang in die Wissensgesellschaft? Die inhaltliche Beschäftigung mit diesen großen Veränderungen in unserer Gesellschaft bildet die Grundlage für die folgende konkrete Arbeit mit Trends. Wie kann ich einen Megatrend wie Gesundheit für mein Unternehmen nutzen? Was bedeutet er für mein Produktsortiment? Aufbauend auf Praxis-Checks und Arbeitsvorlagen bekommen Sie ein Werkzeugset an die Hand, um diese wichtigen Fragen für Ihr Unternehmen zu beantworten.

Auf den Punkt gebracht

»Die Zukunft zeigt sich in uns – lange bevor sie eintritt.«

Rainer Maria Rilke

Megatrends – die unterschwelligen Triebkräfte des Konsumverhaltens

An den Megatrends kommt kein Unternehmen vorbei. Sie bilden die erste und wichtigste Stufe des gesellschaftlichen Wandels. Wie eine mächtige

Strömung in den tieferen Wasserschichten des Ozeans den Zug der Fischschwärme bestimmt, lenken sie die Richtung des kulturellen Wandels. Rufen wir uns noch einmal die zentralen Charakteristika der Megatrends in Erinnerung:

1. Megatrends sind epochal: Sie haben eine Halbwertszeit von mindestens 30 – 50 Jahren.
2. Megatrends sind ubiquitär: Sie haben auf alle Lebensbereiche Auswirkungen.
3. Megatrends sind global: Sie sind überall zu spüren, wenn auch unterschiedlich stark.

Aufgrund ihrer großen Bedeutung sollten die Megatrends den Ausgangspunkt für Ihre strategischen Überlegungen bilden. Zum Beispiel, wenn es darum geht, das Unternehmen neu auszurichten, Zukunftsmärkte zu erschließen oder Innovationen zu entwickeln.

Die große Bedeutung der Megatrends ist zugleich ihr Dilemma, denn Megatrends sind in aller Munde und werden in den Medien rauf- und runtergespielt. Das verleitet leicht zu Fehleinschätzung wie: »Vom Megatrend Alterung habe ich doch letztes Jahr schon gelesen. Wieso sollte man sich nun noch damit befassen? Was ist daran neu? Was kann dieser Trend mir noch bringen?« Achtung! So zu denken, ist kurzsichtig und höchstgefährlich. Trends zu berücksichtigen und auf sie einzugehen, ist nicht deshalb wichtig, weil sie neu sind oder uns überraschen, sondern weil sie große Auswirkungen haben. Ein Trend, der zwar alt ist, aber in den nächsten zehn Jahren die größten Effekte zeigt, sollte daher ganz oben auf Ihrer Tagesordnung stehen und nicht etwa der neueste Hype. Das macht die immense Bedeutung der Megatrends aus. Ihre Wirkung nimmt an Fahrt weiterhin zu. Sie mischen die Märkte auf und verändern das Gesicht von ganzen Branchen. Sie zeigen immer wieder aktuelle Ausprägungen und bieten damit neue Chancen. Wer sie ignoriert, verspielt seine Zukunft. Wer sie als treue Begleiter annimmt und sich täglich neu von ihnen überraschen lässt, bewahrt seine Zukunftsfitness.

Zukunftstipp

Unterschätzen Sie nicht die Wirkung von langfristigen Trends, die allseits bekannt sind. Entscheidend ist nicht ihr Neuigkeitsgrad, sondern ihre Wirkung.

Die andere Schwierigkeit, die Megatrends mit sich bringen, ist ihre schiere Größe. Ihr globaler Charakter lässt sie unnahbar erscheinen. Doch auch hier ist schlecht beraten, wer leichtfertig behauptet: »Was sich in Asien tut, berührt mich nicht.« Stellen Sie sich der Herausforderung der Megatrends. Gehen Sie Veränderung offensiv an und fragen Sie sich: »Wie lässt sich ein in allen Lebensbereichen und Branchen wirkender Megatrend konkret für mein Unternehmen nutzen? Wie kann ich als kleiner oder mittelständischer Unternehmer beispielsweise von der gigantischen Dampfwalze namens Globalisierung profitieren?« Dass sich den riesigen Konzernen viele Möglichkeiten bieten, liegt auf der Hand. International tätige Konzerne können ihre Produktion verlagern, neue Märkte in Asien erschließen und weltweit ihre Mitarbeiter vernetzen. Doch was – außer der bedrohlichen Billigkonkurrenz im Ausland – bietet die Globalisierung einer kleinen oder mittelgroßen Firma?

Best Practice

Die Münchner Event- und Kommunikationsagentur Avantgarde, gegründet 1985 von Martin Schnaack, war bis zum Jahr 2003 mit drei Standorten (München, Berlin, Köln) und etwa 80 Mitarbeitern allein in Deutschland vertreten. Zu Fragen über die Chancen des Megatrends Globalisierung kamen sie durch die Beobachtung ihrer Kunden wie BMW oder Philip Morris, die ihr Geschäft immer internationaler organisierten und Vertriebsbüros in neuen Wachstumsmärkten wie Osteuropa oder Mittlerer Osten eröffneten. Dort boomten zwar die Geschäfte, doch es fehlte vor Ort ein Netz an zahlreichen Dienstleistern wie zum Beispiel eine professionelle Eventagentur. So entschloss sich die Avantgarde – quasi im Handgepäck der Kunden – nachzuziehen. Auf diese Weise entstanden in den letzten Jahren Büros in Moskau, Prag und Dubai. Aufgrund der dynamischen Entwicklung der Auslandsbüros entschloss sich die Geschäftsleitung, im Jahr 2005 auch eine Vertretung in Shanghai zu eröffnen – obwohl es dort noch keine bestehenden Kunden gab. Mittlerweile arbeiten in China bereits etwa 30 Mitarbeiter, Tendenz steigend. Der Geschäftsführer Martin Schnaack sieht auch für andere Dienstleister im Ausland große Potenziale, im Eventbereich beispielsweise für Anbieter von technischem Equipment. Doch gerade die kleineren Firmen lassen sich abschrecken: »Es herrscht Angst. Die Deutschen sind in ihrem Herzen keine Unternehmer«, so Schnaack. Befragt nach seinen eigenen Erfahrungen im Ausland berichtet er, dass es auch dazugehört, auf die Nase zu fallen. Doch die meisten Ängste sind nicht gerechtfertigt. In der globalen Welt nähern sich die Arbeitsbedingungen an. Wie Schnaack feststellen konnte, finden sich Ähnlichkeiten in den Rechtssystemen zum Beispiel von Tschechien und China im Vergleich mit Deutschland. In Dubai gibt es so genannte freezones, große Bürostädte, in denen nicht nur eine perfekte Infrastruktur vorzufinden ist, sondern auch spezialisierte Dienstleister, die bei der Gründung einer Firmenniederlassung helfen. Die jetzige Phase der Globalisierung ist nicht nur eine Chance für Global Player. Gerade spezialisierte Dienstleister können im Ausland schneller wachsen als in Deutschland. Geschäftsführer Martin Schnaack zieht über die Expansion seines Unternehmens eine positive Bilanz: »Es ist ein Abenteuer, das sehr viel Spaß macht.«

Der hier vorgestellte Fall zeigt zweierlei:

1. In einer Zeit, in der Menschen und ihre Kreativität das Kapital bilden, können auch kleine Unternehmen von Megatrends wie der Globalisierung profitieren. Köpfe und ihre Ideen reisen leichter um die Welt als schwere Maschinen.
2. Abstrakte, globale Entwicklungen lassen sich in ihren Konsequenzen auf konkrete Handlungen herunterbrechen. Die Internationalisierung eines Unternehmens beginnt immer mit einzelnen Menschen, die sich in ein Flugzeug setzen und vor Ort schlau machen.

Bevor Sie sich jetzt gleich ein Flugticket kaufen, wollen wir uns zunächst weiter mit den großen Zusammenhängen des Wandels befassen. Die Megatrends bilden eine solide Ausgangsbasis für Ihre unternehmerischen Entscheidungen und stellen bereits eine erste Form der Filterung dar. Im Folgenden werden wir Ihnen daher die wichtigsten Megatrends in ihren Auswirkungen vorstellen. Der äußerst bedeutsame Megatrend Individualisierung findet hier zunächst keine Betrachtung, da auf diesen im fünften Kapitel ausführlich eingegangen wird.

Abb. 03: Megatrends, wie sie das Zukunftsinstitut definiert

Megatrend Alterung – Die Verjüngungsgesellschaft

Die Alterung der Gesellschaft ist ein Megatrend, der nicht nur hierzulande, sondern in allen entwickelten Nationen dieser Welt zu beobachten ist und das soziale Gefüge radikal verändert. Wie so oft sind große Veränderungen mit Ängsten besetzt, und so sind es vor allem die Apokalyptiker, die mit Untergangsszenarien das Interesse auf sich ziehen.

Auf den Punkt gebracht

»Alter ist kein Schicksal, aber auch nichts für Feiglinge.«

Sophia Loren

Angeheizt wurde die Debatte um das Thema von Frank Schirrmacher, der mit *Das Methusalem-Komplott* ein Schreckgespenst für das öffentliche Bewusstsein kreierte. Seitdem werden Kongresse und Vorträge gehalten, die sich mit der drohenden Katastrophe beschäftigen: Die Wirtschaft kommt zum Erliegen. Das Rentensystem kollabiert. Altersarmut greift um sich. Die Heerscharen von Greisen werden in unterfinanzierte Altersheime abgeschoben und dämmern dort ihrem Ende entgegen.

Derlei Gruselbilder setzte das ZDF Anfang 2007 in dem dreiteiligen Fernsehspiel *2030 – Aufstand der Alten* um. Die Zukunft wird in den dunkelsten Farben geschildert. Aus dem ZDF lautet es: »Der Generationenvertrag steht vor der Auflösung, das gesamte Pflegesystem ist in Frage gestellt, und die Rationierung medizinischer Leistungen scheint unausweichlich.« Der Krieg der Generationen um die knapper werdenden Ressourcen des Staates erscheint vor dieser Perspektive die logische Konsequenz. Droht uns tatsächlich ein »Gerassic Park«, in dem verelendete Greise durch verödete Innenstädte schlürfen?

Abb. 04: Aging World: Die Zahl älterer Menschen steigt weltweit

Quelle: United Nations, World Population Prospects, 2006 (mittlere Variante)

Höchste Zeit, unser Bild vom Alter zu überdenken

Die Annahmen, die zu den Untergangsszenarien führen, basieren zum einen auf der verkürzten Sichtweise, dass ein hoher Anteil junger Menschen in der Gesellschaft mit Wohlstand gleichzusetzen ist. Nach dieser Logik müsste Bangladesch ein reiches Land sein. Zum anderen beruhen die Folgerungen auf einem Altersbild, das den klassischen Rentner des Industriezeitalters im Auge hat: Nach 40-jähriger Betriebszugehörigkeit geht er in Rente, setzt sich aufs Sofa, schaltet den Fernseher ein und bewegt sich nur noch zum Müllraustragen aus dem Haus. Würde so der Lebensalltag älterer Menschen in Zukunft aussehen, hätten wir tatsächlich ein Problem. Es würde weniger konsumiert werden und ein immer geringerer Anteil von Menschen wäre in der Arbeitswelt produktiv tätig – der Super-GAU für die volkswirtschaftliche Entwicklung. Doch was, wenn sich die Älteren von morgen nicht aufs Sofa setzen, sondern für den nächsten Marathon trainieren und sich dafür die teuersten Laufschuhe kaufen? Was, wenn sie bis 75 Jahre halbtags noch arbeiten und in die sozialen Sicherungssysteme einzahlen? Nicht weil sie müssen, sondern weil sie wollen. Eine wachsende Zahl älterer Menschen macht dies bereits. Sie sind aktiv, reisen um die Welt, machen sich selbstständig oder beginnen noch einmal ein Studium. In Ostwestfalen, im lippischen Bad Meinberg, startete kürzlich Deutschlands erste Hochschule nur für Studenten über 50, das »Europäische Zentrum für universitäre Studien der Senioren« (EZUS).

Praxis-Check

Werbung ist immer ein guter Gradmesser für gesellschaftliche Veränderungen.

Sammeln Sie Anzeigen aus zehn verschiedenen Zeitschriften (News-, Frauen-, Wohnmagazine und so weiter), in denen für Produkte oder Dienstleistungen für ältere Menschen geworben wird, beziehungsweise auf denen ältere Menschen abgebildet sind. Beantworten Sie die folgenden Fragen:

- In welchem Zusammenhang sind die älteren Menschen dargestellt?
- Lässt sich ein verändertes Altersbild erkennen?
- Wenn ja, wodurch ist es gekennzeichnet?
- Was hat sich in der Präsentation des Alters im Gegensatz zu früher verändert?

Die Menschheit wird jünger statt älter

In Wahrheit findet keine Vergreisung, sondern eine radikale Verjüngung der Gesellschaft statt, da nicht das biologische, sondern das »probabilistische« beziehungsweise gefühlte Alter ausschlaggebend ist, wie die Altersforscher Sergei Scherbov und Warren C. Sanderson ermittelt haben. In einer Studie fanden sie heraus, dass die Jahre, die noch vor uns liegen, viel mehr über unseren Lebensstil aussagen als die Jahre, die hinter uns liegen.[15]

Anders ausgedrückt: Wir sind so jung, wie wir noch Lebensjahre vor uns haben. Durch die steigende Lebenserwartung eröffnen sich im Alter zusätzliche Lebensphasen. Im Jahr 2000 war der durchschnittliche Deutsche 39,9 Jahre alt. Die Lebenserwartung lag bei 79,8 Jahren, das heißt ihm verblieben noch knapp 40 Jahre. Nach Scherbov und Sanderson wird im Jahre 2040 die Lebenserwartung bei 94 Jahren liegen.[16] Ein 40-Jähriger hat dann noch über 50 Jahre zu leben, also zehn Jahre mehr als heute. Diesen verlängerten Zeithorizont kalkulieren wir in unser Verhalten ein. Wer weiß, dass er noch viele Lebensjahrzehnte vor sich hat, gründet die Familie später, geht auch im hohen Alter noch neue Beziehungen ein, baut Häuser und so weiter. Wir werden alle älter, doch die Älteren werden in ihrem Verhalten immer jünger, weil sie fitter sind und sich aufgrund der gestiegenen Lebenserwartung neue biografische Freiräume ergeben.

Die neuen Lebensphasen des Alters

Die Lebensentwürfe für das Alter folgen keinem linearen Muster mehr. Wie man im Alter lebt, ist eine Frage des Lebensstils. Ohne Zweifel ergeben sich ab einer gewissen Jahreszahl gewisse körperliche Einschränkungen. Doch die Annahme, dass ein hohes Lebensalter automatisch mit einer längeren Phase des Siechtums einhergeht, ist falsch. So ist die so genannte Handicap-Phase in der ältesten aller Gesellschaften, der japanischen, sehr viel kürzer als beispielsweise in den USA, wo die Menschen früher sterben. Die richtige Schlussfolgerung lautet: Die Menschen leben in Japan länger, weil sie gesünder sind. Wissenschaftliche Studien unterstützen diesen Befund. Es ist zum Beispiel keineswegs so, dass auf ältere Menschen die höchsten Gesundheitskosten anfallen. Die Soziologin Hilke Brockmann fand anhand einer Datenanalyse von 430 000 AOK-Patienten heraus, dass ein über 90 Jahre alter Patient nur knapp die Hälft der Klinikkosten eines 65- bis 69-jährigen Patienten verursacht.[17] Wie gesund wir im Alter sind, hängt maßgeblich von unserem Verhalten ab: Es ist unsere Entscheidung, ob wir rauchen und niemals Sport treiben oder aktiv etwas für unsere Gesundheit tun. So muss ein hohes Alter nicht zwangsläufig heißen, seinen Beruf oder seine Gewohnheiten aufzugeben. Bestes Beispiel hierfür ist Johannes Heesters, der mit seinen 103 Jahren nach wie vor als Schauspieler auf der Bühne steht. In einem Beitrag für die Süddeutsche Zeitung zum Jahreswechsel 2007 schreibt er: »Für mich geht wieder ein Jahr zu Ende, in dem ich mich nicht zur Ruhe gesetzt habe. Vorsätze fürs neue Jahr habe ich keine, außer dem einen: weiterarbeiten. Denn nichts lässt einen so schnell altern wie das Nichtstun.«[18]

Den klassischen Rentner wird es nicht mehr geben

Nicht jeder ist vom Schicksal so begünstigt wie Johannes Heesters. Nicht jeder wird bis zum Tod arbeiten wollen. Doch für immer mehr Menschen wird es eine Option unter vielen sein. In der Wissensgesellschaft mit ihren geistig orientierten Tätigkeiten spielt die körperliche Leistungsfähigkeit nicht mehr die entscheidende Rolle. Ein Industriearbeiter, der am Hochofen steht und extremen Belastungen ausgesetzt ist, wird sich wahrscheinlich gerne zur Ruhe setzen. Doch es gibt immer weniger Menschen, die am Hochofen stehen. Das wachsende Heer der Wissensarbeiter – Journalisten, Finanzverwalter, Ernährungsberater und so weiter – wird nicht von heute auf morgen aus dem Erwerbsleben verschwinden. Und wenn doch, so werden sich die Menschen ein anderes Feld aktiver Betätigung suchen – sei es in einem Ehrenamt, als freier Berater oder als Powerseller auf eBay. Es ist ein Erbe unserer Industriekultur, dass Alter automatisch mit dem Ausschluss vom Arbeitsleben gleichgesetzt wird. Schaut man sich die Erwerbstätigenquote von Männern über 55 Jahren in Deutschland an, so scheint es sich dabei gar um eine Gesetzmäßigkeit zu handeln: Lediglich 43 Prozent dieser Altersgruppe hat hierzulande eine Anstellung. Ab einem gewissen Alter, so die weit verbreitete Meinung, verpasse man den Anschluss. Die Qualifikationen sind veraltet, die Luft ist raus – also aufs Abstellgleis Frührente. Doch dies ist kein Naturgesetz: In Island beträgt die Erwerbstätigenquote der Männer zwischen 55 und 64 Jahren rund 90 Prozent.

Sicher ist für die geringe Erwerbstätigenquote älterer Arbeitnehmer in Deutschland auch die gegenwärtige ökonomische Lage verantwortlich, die zwar zu Produktivitätswachstum führt, aber nicht im selben Maße neue Jobs schafft. Zum großen Teil liegt es aber auch an dem verinnerlichten Mindset, dass ältere Arbeitnehmer aufs Abstellgleis gehören. Dass dies in Zukunft anders aussehen wird, dafür sprechen mehrere Gründe. Zum einen gibt es den ökonomischen Zwang: Eine Volkswirtschaft, deren Erwerbstätigenzahl aufgrund des demografischen Wandels stetig schrumpft, kann es sich schlicht nicht leisten, auf diese Arbeitskräfte zu verzichten. Zum anderen gibt es das wachsende Bedürfnis, auch im Alter produktiv tätig zu sein. Mit dem Wandel der Industriekultur zur Wissensgesellschaft wird Arbeit immer mehr zur Sphäre der Selbstverwirklichung. War es früher eine Errungenschaft, mit 65 nicht mehr arbeiten zu müssen, wird es künftig zum Privileg, weiterhin arbeiten zu können. Wohlgemerkt: arbeiten zu können. Es geht darum, hierüber selbstbestimmt entscheiden zu können. »Es gibt eine weltweite Ablehnung eines obligatorischen Pensionierungsalters«, so das Ergebnis einer Studie der Hongkong und Shanghai Banking Corporation aus dem Jahr 2004, die sich auf eine Umfrage in zehn Ländern stützt.[19]

Praxis-Check

Suchen Sie das Gespräch
Bitte stellen Sie drei Personen über 60 Jahre in Ihrem persönlichen Umfeld die folgenden Fragen:

- Wo liegen Ihre Interessen und Hobbys?
- Womit verbringen Sie die meiste Zeit?
- Was war für Sie die beste Innovation in den letzten Jahren?
- Was stört Sie an vielen neuen Produkt-/Serviceangeboten?
- Was ist Ihr größter Wunsch/Traum, abgesehen von »gesund bleiben« für die Zukunft?
- Was sind Ihre Zukunftspläne?

Notieren Sie jede Antwort auf jeweils einer Karteikarte und notieren Sie auf dieser das Alter der befragten Person. Wiederholen Sie diese Übung regelmäßig und legen Sie sich eine Sammlung an.

Je länger man arbeitet, desto länger kann man arbeiten

Gerade jene, die ihren Beruf im geistigen Bereich ausüben, bemühen sich darum, das Ende ihrer aktiven Zeit herauszuschieben. So betätigt sich der kettenrauchende Altkanzler Helmut Schmidt mit seinen 87 Jahren weiter als Vortragsreisender und arbeitet noch an einem Buch. Allensbach-Gründerin Elisabeth Noelle-Neumann geht auch mit 89 gerne noch ins Büro. Auf die Frage, wie kreativ ein Mensch in ihrem Alter noch sein kann, antwortet sie einem Interview mit der Frankfurter Allgemeinen Sonntagszeitung: »Je länger man einfach weiterarbeitet, so wie man immer gearbeitet hat, desto länger kann man auch arbeiten und kreativ sein.«[20] Warum dennoch viele Menschen früher mit dem Arbeiten aufhören wollen, kommentiert sie folgendermaßen: »Weil die Menschen einem großen Irrtum aufsitzen: Unsere Gesellschaft lebt in der völlig falschen Vorstellung, es sei schön, nicht zu arbeiten. Dabei kann Arbeiten sehr schön, das heißt erfüllend sein.«[21] Die höhere Aktivität der Alten von morgen – sei es als Arbeitende oder als Konsumenten – bietet die Chance, dass Wirtschaft und Wohlstand trotz des demografischen Wandels weiter wachsen können. Der Vorsitzende des Sachverständigenrats zur Begutachtung der gesamtwirtschaftlichen Entwicklung, Bert Rürup, kommentiert hierzu: »Wir werden vermutlich etwas weniger Geld für Autos oder Immobilien ausgeben und mehr für Pflege und Gesundheitsleistungen« – aber für die Wachstumsraten einer Volkswirtschaft sei das »letztlich egal«.[22]

Die jungen Alten und ihre Konsumvorlieben

In einer Gesellschaft, in der ältere Menschen die Mehrheit bilden, werden diese zur wichtigsten Konsumentengruppe. Die über 50-Jährigen verfügen heute schon über mehr als die Hälfte der Kaufkraft und des Geldvermögens in Deutschland. Sie kaufen 45 Prozent aller Neuwagen, 50 Prozent aller Gesichtspflegemittel und buchen 35 Prozent aller Pauschalreisen. Wer ihre Interessen nicht trifft, verbaut sich sein Geschäft. Aufgrund der Heterogenität dieser Zielgruppe lassen sich jedoch kaum pauschalisierende Aussagen machen. Kriterien wie der Bildungsstand, die Wertorientierung oder der Gesundheitszustand beeinflussen die Konsummuster sehr viel stärker als das Alter, zumal keiner auf das Thema Alter angesprochen werden möchte. Jeder bezeichnet sich zwar gern als Senior Consultant, doch den Seniorenteller mag keiner bestellen. Damit stellt sich die Frage: Wie kann man den Vorlieben älterer Konsumenten entgegenkommen, obgleich sich spezifische Vorlieben schwer ausmachen lassen?

Vergessen Sie Seniorenprodukte! Investieren Sie in Design!

Eigens entwickelte Seniorenprodukte wie das Telefon mit megagroßen Tasten oder der Senioren-Supermarkt mit Brillen an den Regalen werden die Leute eher verschrecken als anziehen. In Nischen mögen sie ihre Berechtigung haben, aber die Mehrheit der Menschen wird man damit ausgrenzen. Statt gezielt auf Schwächen und Gebrechen einzugehen, geht es vielmehr darum, Produktlösungen zu finden, die altersunabhängig funktionieren. Das heißt, das Design der Produkte ist so gestaltet, dass Alt wie Jung gleichermaßen damit zurechtkommen. Ein gutes Beispiel hierfür ist der Porsche Chayenne, der dem Fahrer einen leichten Einstieg sowie guten Überblick bietet. Dennoch handelt es sich um einen Sportwagen, der bei hohem Komfort das Gefühl von Dynamik und Jugendlichkeit vermittelt. Weil sich von diesen Attributen gerade die älteren Käuferschichten angesprochen fühlen, ging der Chayenne als »Senioren-Porsche« durch die Presse. Natürlich würde jeder Chayenne-Fahrer und auch der Automobilhersteller dieses Attribut weit von sich weisen. Schließlich gibt es auch genügend Jüngere, die sich für den Wagen begeistern. Um auf die Ausgangsfrage zurückzukommen: Kann man den Vorlieben älterer Konsumenten besser entgegenkommen? Letztlich muss sich jeder Anbieter die Frage stellen: Wie gut sind meine Angebote gestaltet, um keinen auszugrenzen – weder jüngere noch ältere Nutzer. Das heißt: intuitive Anwendung, einfache Bedienbarkeit sowie hohe Fehlertoleranz. Um diese Ziele geht es im Universal Design Ansatz, der auf die Alterung der Gesellschaft nicht mit Seniorenprodukten, sondern besserem Design antwortet.

Abb. 05: Sieben Prinzipien des Universal Design

1	Eignung für breite Nutzergruppen	5	Anwendungsfehler bergen nur minimale Risiken
2	Verschiedene Nutzungsmöglichkeiten	6	Minimaler körperlicher Aufwand in der Bedienung
3	Bedienung erschließt sich unmittelbar	7	Produkt ist leicht zugänglich / erreichbar
4	Benötigte Informationen sind sensorisch wahrnehmbar		

Quelle: Carsten Claus, Universität Lüneburg 2006

Praxis-Check

Unterziehen Sie das Angebot (einzelne Produkte oder Produktgruppen) Ihres Unternehmens und das Ihrer Wettbewerber dem Universal Design Check (siehe Abbildung 6).

Abb. 06: Universal Design Check

	Eigenes Produkt	Produkt des Wettbewerbers	Konsequenz
Erschließt sich die Anwendung unmittelbar?	ja / nein	ja / nein	
Zieht eine fehlerhafte Verwendung gravierende Folgen nach sich?	ja / nein	ja / nein	
Sind wesentliche Informationen gut und ggf. sensorisch wahrnehmbar?	ja / nein	ja / nein	
Ist die Verpackung einfach zu öffnen, teilen, wiederzuverschließen?	ja / nein	ja / nein	
Reagiert das Produkt empfindlich, z.B. auf Druck, Körperwärme?	ja / nein	ja / nein	

Quelle: Carsten Claus, Universität Lüneburg 2006

Megatrend Gesundheit – Der Healthstyle von morgen

Das Rauchen verschwindet in Deutschland allmählich aus dem öffentlichen Raum. Zigaretten sind nur noch per ec-Karte mit integrierter Altersangabe am Automaten zu bekommen. In New York wird die Verwendung von Transfetten, also künstlichen Fettsäuren, in der Snack-Gastronomie verboten. Der Megatrend Gesundheit fegt wie kaum ein anderer über die Sitten und Gebräuche des gesellschaftlichen Miteinanders hinweg. Gesundheit wird in Zukunft zu einem allgegenwärtigen Phänomen – auf den weltweiten Konsummärkten ebenso wie in unserem Privatleben, im Freizeitbereich oder in der Arbeitswelt. Bereits der Wellness-Boom der 90er Jahre hat gezeigt, wie sich mit Gesundheit Milliarden umsetzen lassen. Doch Wellness war nur eine Durchgangsstation auf dem Weg in eine Wohlfühlkultur, deren Menschen mit immer größerem Genuss nach einer möglichst stabilen Life-Work-Balance streben.

Der Megatrend Gesundheit wird von vielen gesellschaftlichen Entwicklungen gespeist. In starkem Maße trägt ein höheres Selbstverantwortungsgefühl dazu bei. Und nicht zuletzt der ökonomische Zwang: Wer in Zukunft krank ist, zahlt selber drauf. Es ist das Wissen, dass man für die gestiegenen Anforderungen im Berufsleben mit der größeren Flexibilität und Mobilität deutlich fitter sein muss. Und es ist die Tatsache, dass wir auf den modernen Beziehungsmärkten attraktiv sein müssen. Der mitunter wichtigste Grund ist jedoch: Zusätzliche Lebensqualität werden wir nicht mehr durch weiteren materiellen Wohlstand erzielen, sondern durch Gesundheit und alles, was dazugehört: besserer Schlaf, glücklichere Beziehungen, geistige Fitness und so weiter.

Abb. 07: »Ich fühle mich für meine Gesundheit verantwortlich«

4,3% Weniger
1% Überhaupt nicht
32,1% Überwiegend
62,6% Voll und ganz

Quelle: Stern TrendProfile »Gesundheitsreform«, März 2005

Ich bin gesund, also bin ich

Unsere Gesellschaft beginnt sich immer stärker über Gesundheit zu definieren. Gesundheit wird mithin zum Stellvertreter für hergebrachte Identitätsversprechen, deren Halbwertzeit abläuft oder die sich in schwierigen Umbrüchen befinden: Religion, Familie, Gemeinschaft... Dass das Streben nach Gesundheit nahezu religiöse Züge annimmt, zeigt das immense Interesse und die Gläubigkeit, die Gesundheitsaposteln wie Fitnesspapst Dr. Ulrich Strunz oder Ärzten wie Dr. Dietrich Grönemeyer entgegengebracht werden. Ihre Bücher halten sich monatelang auf den Bestsellerlisten. Wird ein Gesundheitsthema auf das Cover von *Spiegel*, *Focus* und *Stern* gehoben, verspricht das fast immer Spitzenzahlen im Verkauf. Seit 2003 führt der *Stern* mit *Gesund leben* einen direkten Ableger, der sich nur mit Gesundheit beschäftigt. Und *Healthy Living* macht Gesundheit zur Sache für die ganze Familie. Bei Springer gibt es die *Gesundheits-Bild* und von Burda *Bunte Gesundheit*. Für Gruner & Jahr Zeitschriften-Vorstand Bernd Buchholz steht jetzt schon fest, dass sich Gesundheitsmagazine in nächster Zeit zu einem eigenständigen Segment neben Frauen-, Nachrichten- oder Automagazinen entwickeln werden.

Auf den Punkt gebracht

»Alles was man früher für den lieben Gott tat – wallfahren, fasten, gute Werke vollbringen – tut man heute für seine Gesundheit.
Unsere Vorfahren retteten ihre Seele, wir unsere Figur.
Unsere Vorfahren machten Kniebeugen, wir machen Rumpfbeugen.
Unsere Vorfahren bauten Kathedralen, wir bauen Kliniken.«

Manfred Lütz, Mediziner und Theologe

Volkswirtschaftsfaktor Gesundheit

In Deutschland geben wir mehr als zehn Prozent des BIP (Stand 2001: 10,7 Prozent) für Gesundheit aus. Nur die USA (13,9 Prozent) und die Schweiz (10,9 Prozent) investieren mehr in das Wohlergehen der Bevölkerung.[23] Für die großen Konzerne eröffnet der Gesundheitsmarkt margenträchtige Wachstumsfelder, in die erheblich investiert wird. General Electric, der weltweit größte Hersteller von Medizintechnik, hat sich im vergangenen Jahr auf dem viel versprechenden deutschen Gesundheitsmarkt positioniert. Der Global Player liegt mit einem jährlichen Umsatz von 12,4 Milliarden Euro (2005) deutlich vor dem deutschen Konkurrenten Siemens (7,6 Milliarden) und Philips (6,3 Milliarden). Andere Technologieriesen richten sich ebenfalls am dem stark wachsenden Megatrend aus. SAP hat in der Zentrale im badischen Waldorf eine aus 30 Mitarbeitern bestehende Taskforce gebildet, die den Gesundheitsmarkt nach lukrativem Neugeschäft durchsucht.

Wer gesund ist, wurde nur nicht lange genug untersucht

Eigentlich müssten wir immer gesünder werden, wenn man sich die erheblichen Investitionen anschaut. Paradoxerweise scheint die Gesellschaft jedoch kranker zu werden. Unsere Kinder leiden zunehmend an Übergewicht oder Magersucht. Die Zahl der psychischen Erkrankungen, zum Beispiel Depressionen, wächst dramatisch. Neue Gesundheitsgefahren drohen von allen Seiten: Mobbing, Burn-out, Elektrosmog. Nun: Es handelt sich hierbei um die klassischen Symptome einer Gesellschaft, die sich in einem Wertewandelprozess befindet und eine kulturelle Neukodierung vornimmt. Wir problematisieren das, was uns wichtig wird.

Ein ähnlicher Prozess vollzog sich während der Umweltdebatte in den 80er Jahren. Damals hieß es: »Der Wald stirbt«. Wie wir wissen, ist er nicht gestorben. Im Gegenteil: Durch Aufforstung wächst die Waldfläche in Deutschland um circa 3 500 Hektar im Jahr. Intakte Natur ist mittlerweile nicht nur schützenswert, sondern auch ein profitables Wirtschaftsgut – das zeigt sich nicht zuletzt im Tourismus. Umwelttechnologie ist ein globaler Exportschlager und wird angesichts des Ressourcenhungers der Schwellenländer noch an Bedeutung zunehmen.

Vom Kostentreiber zum Produktivitätsfaktor

Mit der Gesundheit wird es sich ähnlich wie mit der Umwelt damals verhalten. Was wir heute unter Kosten und Gefahren verbuchen, wird morgen zum Produktivitätsfaktor. Davon profitieren nicht nur die Pharmakonzerne, sondern jeder Einzelne. Warum das so ist, erklärt der Volkswirtschaftler Erik Händeler mit einer simplen, aber überzeugenden Logik. Da die meisten Krankheitskosten durch den Lebensstil verursacht werden und wir keine Gesundheitsdiktatur einführen wollen, wird der eigene Geldbeutel, also eine stärkere Zuzahlung im Krankheitsfall, die Leute dazu zwingen, durch ihr Verhalten die Kosten zu senken, beispielsweise durch mehr Bewegung und gesünderes Essen. Das wiederum setzt Ressourcen frei, denn wenn wir gesund und fit sind, können wir auch länger arbeiten, was wiederum den volkswirtschaftlichen Wohlstand mehrt. »Investition in Gesundheit – ob persönlich, als Betrieb oder als Staat – wird die Wirtschaft der nächsten 20 Jahre antreiben«, so Händeler.[24]

Auch wenn man es kaum glauben mag: Die Zukunftsgesellschaft hat die große Chance, sehr viel gesünder zu sein als heute. Jenseits des Pathologisierungsalarmismus gibt es zuversichtlich stimmende Indikatoren. Beispiel Rauchen: In Deutschland greifen nur noch 35 Prozent der Männer zum Glimmstengel (Russland 67 %). Zudem mäßigen die Deutschen ihren Alkoholkonsum: Der Bierverbrauch sank von 1993 bis 2003 um 18,8 Liter auf 113,9 Liter. Ein Drittel der Deutschen isst seit 2006 weniger Fleisch, und jeder fünfte EU-Bürger hat 2006 seine Ernährungsgewohnheiten verändert: mehr Obst und Gemüse, dafür weniger Zucker und Fleisch. Der sich herausbildende Healthstyle ist also mehr als nur eine Mode. Er ist das Fundament eines neuen gesellschaftlichen Paradigmas, das lautet: Wir können besser leben, wenn wir gesünder leben.

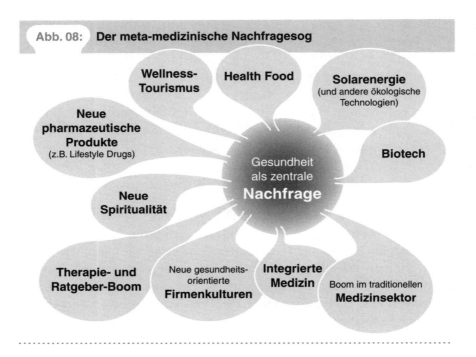

Abb. 08: Der meta-medizinische Nachfragesog

Zukunftsmarkt Gesundheit

Gesundheit ist eine Ressource, die keine Sättigung erfährt. Das macht sie ökonomisch so bedeutsam. Denn mit der heutigen Sichtweise, die Wohlbefinden und Glück einbezieht, gibt es keine definierten Grenzen mehr. Egal wie viel Lebensqualität ein Mensch haben mag – er will noch mehr davon. Der Gesundheitsboom geht so einher mit einer Konsumorientierung, die sich vom materiellen Besitzstreben entfernt. Status erfährt nicht mehr derjenige, der mit einem dicken Auto vorfährt, sondern derjenige, der aktiv ist, Zufriedenheit ausstrahlt und etwas für seine Gesundheit tut. Vor diesem Hintergrund entwickeln sich alle Märkte zu Gesundheits- beziehungsweise Lebensqualitätsmärkten. 80 Prozent aller Einkäufe (ganz gleich, ob ein Auto, ein Kochtopf oder eine Urlaubsreise) werden heute mit dem Argument »es hilft meiner Gesundheit« motiviert.

Vom Lifestyle-Coach auf die Reise ins Ich geschickt

Vor dem Hintergrund des Gesundheitspostulats eröffnen sich für viele Branchen neue Wachstumsfelder: Kosmetik und Körperpflege erleben einen lang anhaltenden Boom in Richtung gesundheitlicher Aspekte. Die Lebensmittelindustrie sieht Innovationen vor allem bei Gesundheitsprodukten. Sowohl im Bereich der »additiven« Lebensmittel (»Calcium Plus«) als auch bei Bio-Food bilden sich neue Lifestyle- und Wellnessprodukte heraus. Ob Brot, das den Cholesterinspiegel senkt, oder Suppen mit Vitaminen – zwischen 1999 und 2004 ist der Markt von Functional Food in Europa um 43 Prozent auf rund 4 Milliarden Euro gewachsen. Pharmazeutische Produkte, die nicht nur die Kranken, sondern vor allem die »gesunden Unzufriedenen« ins Auge fassen, erzeugen einen weltweiten Megamarkt. Schon heute beträgt der Umsatz mit den »Smart-Drugs«, den so genannten Lifestyle-medikamenten, etwa zur Stimmungsaufhellung oder Leistungssteigerung, weltweit rund 60 Milliarden Dollar. Analysten erwarten eine Verdreifachung in den nächsten 25 Jahren. Bei persönlichen Beratungsdienstleistungen entwickelt sich ein riesiges Feld aus Therapeuten, Heilern, Lifestyle-Psychologen bis hin zum Life Coach. Dies wird auch in starkem Maße den Tourismus prägen. Anstelle ferner Länder erkunden wir unseren Körper und das eigene Innenleben, um gesünder und mit neuen Perspektiven heimzukehren.

Praxis-Check

Setzen Sie Ihr Produkt beziehungsweise Ihre Dienstleistung in Verbindung mit dem Megatrend Gesundheit.

Stellen Sie das Wort »Gesundheit« vor die Bezeichnung Ihres Produkts/Ihrer Dienstleistung und leiten daraus Schlussfolgerungen ab. Wenn Sie zum Beispiel Isolierfenster herstellen, notieren Sie das Wort »Gesundheits«-Isolierfenster. Sind Sie Geschäftsführer einer Bank, notieren Sie das Wort »Gesundheits«-Bank. Beantworten Sie nun folgende Fragen:

- Welche Gesundheitsaspekte lassen sich in Verbindung mit Ihrem Business vermitteln?

- Wie können Sie in Zusammenhang mit Ihrem Unternehmen Gesundheit/Wohlbefinden an den Kunden kommunizieren?
- Was könnten Sie verändern, um Gesundheit zu vermitteln?
- Welche ergänzenden Services könnten Sie anbieten, um Ihr Produkt/Ihre Dienstleistung gesünder zu machen?

Megatrend New Work – Zeitarbeit für alle

Die Parameter unserer Arbeitswelt befinden sich in einem dramatischen Wandel. Mit dem Übergang zur Wissensgesellschaft verabschieden wir uns langsam aber sicher von der industriellen Arbeitsorganisation. Während flexible, mobile, teamwork- und projektorientierte Arbeitsformen massiv zunehmen, verlieren die starren Berufsbilder und regulierten Arbeitsformen an Einfluss. Jene Tätigkeiten, welche das Industriezeitalter prägten, werden von Robotern oder Billiglohnarbeitern in anderen Regionen des Planeten übernommen. John Barlow, Autor und Experte für digitalen Lifestyle, bringt die Entwicklung folgendermaßen auf den Punkt: »If you are making something you can touch, and doing well at it, then you are either an Asian or a machine.«[25] In der globalen Konkurrenz verkürzen sich Produktzyklen rapide. Fabriken werden nur noch für fünf satt für 50 Jahre gebaut. Strategische Investments, die früher über Jahrzehnte liefen, entscheiden sich heute in Monaten. New Work bedeutet, dass immer größere Areale wiederholender, gleichförmiger Produktionsarbeit – also industrieller Arbeit – von kreativer, erfinderischer oder menschendienender Arbeit (Dienstleistungen) abgelöst werden. Damit rückt Arbeit immer näher an die Sphäre der Selbstverwirklichung. Die Grenzen zwischen Arbeit und Freizeit verschwimmen und die Dienstleistungsgesellschaft formiert sich.

Auf den Punkt gebracht

»Knowledge output and the poetry of networks are part of a dramatic shift in the way we think about work – work as conversation.«

Tom Peters, Managementberater und Bestsellerautor

Die Zukunft der Arbeit hat längst begonnen

Neue Qualifikationen wie Teamfähigkeit, emotionale Intelligenz und Flexibilität ersetzen die alten »linearen« Qualifikationen. Lebenslanges Lernen und Projektdenken stehen im Zentrum eines neuen Arbeitsethos, das die Grundlagen unserer Erwerbsgesellschaft umgestaltet. Arbeitskontrakte werden prinzipiell kurzfristiger. Einher geht diese Entwicklung mit dem kontinuierlichen Rückgang sozialversicherungspflichtiger Jobs – sehr zum Leidwesen der Rentenkassen und des ebenso umlagefinanzierten Gesundheitssystems. Im selben Maße nehmen befristete und selbstständige Beschäftigungsverhältnisse zu. Eine wachsende Zahl von Einzelunternehmern bietet ihre Arbeitskraft auf dem freien Markt an. Komplette Zeitungsredaktionen rekrutieren sich mittlerweile aus einem Heer von Selbstständigen. Agenturen betreiben Lean-Management und stellen streng nach Neukundengeschäft Freiberufler ein. Rundfunkanstalten müssten ohne ihre »Freien« den Sendebetrieb einstellen. Was Gewerkschaften wie der Untergang des Abendlandes anmutet, ist die Zukunft der Arbeit.

Abb. 09: Aus der agrarischen Welt ins Wissenszeitalter

	Agrarisches Zeitalter	Industriezeitalter	Wissenszeitalter
Primäre Arbeitsorte	Felder, Haushalt	Fabriken, Büros, Haushalt (Frauen)	Mischungen von unterwegs, zu Hause, Büro
Klassenstruktur	horizontale Teilung: Aristokratie versus Leibeigene/Kleinbauern	Klassengesellschaft, Massengesellschaft	diversifizierte, individualisierte Multioptionskultur
Primäre Familienorganisation	Großfamilie	Kleinfamilie	erweiterte Netzwerkfamilie
Primäre Managementform	autoritäre (Gewalt-) Hierachie	bürokratische Hierachie	moderierte Netzwerke

Der Aufstieg der kreativen Klasse

Im Zentrum der sich entwickelnden Wissensökonomie steht eine neue Klasse von Arbeitnehmern, die nicht mehr auf das alte Sicherheitsnetz von Kündigungsschutz und Lohnfortzahlung im Krankheitsfall bauen kann.

Man findet sie im kreativen Dienstleistungsbereich – der Computerspieleentwickler, der Persönlichkeitstrainer, der Lifestyle-Friseur oder die mobile Massagepraxis. Der US-Soziologe Richard Florida hat die Arbeitenden in diesen Feldern als »Kreative Klasse« bezeichnet und ihre rasante Zunahme in den westlich geprägten Industrieländern untersucht. Dabei zählt er auch jene hinzu, die in klassischen Berufen arbeiten, dort allerdings eine hohe beratende und teils schöpferische Tätigkeit ausüben (wie beispielsweise der plastische Chirurg). In den USA zählen nach den Untersuchungen von Florida bereits heute 38 Millionen Menschen zur Kreativen Klasse, das sind 30 Prozent der arbeitenden US-Bevölkerung. In Deutschland beträgt ihr Anteil 18 Prozent – Tendenz steigend.[26]

Abb. 10: Wissen wird zur Produktivkraft Nummer eins
Anteile der Arbeitskräfte-Typen weltweit 1900-2020
In Anlehnung an: Siemens, Pictures of the Future, Frühjahr 2004

Entscheidend für die Definition der neuen Klasse ist die »Bohemisierung der Produktionsverhältnisse« in folgenden drei Dimensionen[27]:

- Begrenzter Weisungsempfang: Mitglieder der Kreativen Klasse unterscheiden sich von der Serviceklasse dadurch, dass sie keine Weisungsempfänger sind (zum Beispiel im Unterschied zu einem McDonald's-Mitarbeiter, der jeden einzelnen Arbeitsschritt vorgegeben bekommt). Sie führen zwar »Jobs« und »Aufträge« aus, aber mit einem hohen Maß

eigener kreativer Gestaltung, das von ihren Auftraggebern nicht nur geduldet, sondern auch erwartet wird.
- Horizontaler Karriereverlauf: Mitglieder der Kreativen Klasse sind niemals fester Teil eines »Leitersystems« in einer großen Firma. Sie suchen sich ihre Jobs entlang eigener Portfolios und Weiterbildungspläne, hangeln sich von Engagement zu Engagement und von Geschäftsmodell zu Geschäftsmodell.
- Eigengestaltete Berufsumfelder: Mitglieder der Kreativen Klasse legen großen Wert auf die Selbstgestaltungsmöglichkeit von Arbeitsorten, Arbeitszeiten und Arbeitsbedingungen, je nach Lebenslage oder Leistungslust.

Praxis-Check

Berufe der Zukunft
In jüngster Zeit sind viele neue Berufe enstanden, wie zum Beispiel Wellness-Coach, Webdesigner, Nordic Walking Trainer und so weiter. Schauen Sie sich die Stellenanzeigen überregionaler Tageszeitungen oder von Online-Börsen wie monster.de an. Fragen Sie:

- Welche Berufe würden Sie als »neu« bezeichnen?
- Welche Entwicklungen und Megatrends stehen hinter diesen neuen Berufsbildern?
- Welche Auswirkungen werden diese Veränderungen in Zukunft auf Ihr eigenes Berufsfeld haben?

Wissen – der Rohstoff des neuen Jahrtausends

Im Mittelpunkt der neuen Arbeitswelt steht also der »Selbstunternehmer«, der eigenverantwortlich sein kreatives Kapital auf den Märkten anbietet. Das heißt nicht, dass automatisch ein Meer halt- und bindungsloser nomadischer Jobber entsteht. Die Bindungen zu Unternehmen werden loser, und unbefristete Arbeitsplätze bekommen Seltenheitswert, doch die Unternehmen haben nicht nur ein Interesse zu flexibilisieren. Sie haben auch das Interesse, Mitarbeiter zu binden – indem sie diese gut behandeln, auf ihre Bedürfnisse eingehen, Angebote zur Kinderbetreuung machen, und so weiter. Denn das Kapital der Firmen sind die Köpfe ihrer Mitarbeiter. Entscheidend für die Wertschöpfung in der Arbeitswelt von morgen ist, welcher Gebrauch von Wissen gemacht wird. Man könnte auch sagen: wie Wissen praktisch in Unterschiede umgesetzt wird. Auf eine simple Formel gebracht: Produktivität in der Wissensökonomie ist gleich Kreativität. Auf den hyperkonkurrenten globalen Märkten ist die Erschließung von Innovationen (in Form neuer Marketingmethoden, Produkte, Geschäftsfelder oder operativer Methoden) wesentlich: »Es geht in der modernen Wirtschaft nicht mehr darum, mehr zu kochen, sondern entscheidend bessere Rezepte zu finden!«

Konsumwünsche in der schönen, neuen (Arbeits-)Welt

Infolge der Flexibilisierung der Arbeitsverhältnisse und eines wachsenden Anteils Selbstständiger kommt es für alle Beteiligten zu einem dramatischen Anstieg der Alltagskomplexität. In den Büros und den Home Offices arbeiten immer gebildetere, spezialisiertere und gestresstere Menschen. Sie benötigen jede Menge Dienstleistungen, die sie zu ihren anspruchsvollen Jobs befähigen. Zum einen handelt es sich dabei um Alltagsunterstützung, die früher meist die Frauen erledigten. Durch ihre neue Rolle in der Wirtschaft muss nun jeder Profis kaufen, die sich um die Kindererziehung kümmern, den Garten pflegen oder die alten Eltern betreuen. Zum anderen handelt es sich um hochspezialisierte Dienstleister. Das kann der Technik-Butler sein, der sich um die Virenabwehr im Home Office kümmert oder der Finanzberater, der gleichzeitig als Karriere-Coach tätig ist.

Die neuen Me-Märkte fokussieren den Menschen

Die Wertschöpfung wird sich immer mehr um das Individuum und seine individuelle Situation ranken. Unsere Konsumwirtschaft alter Prägung entwickelt sich damit zu einer »Support-Economy«, in der – wie die Soziologin Shoshana Zuboff schreibt – die Menschen bei der Bewältigung ihres beschleunigten und verschlungenen Alltagslebens unterstützt werden.[28] Alles wird zu »Me-Märkten«. Es entwickeln sich »High-Touch«-Dienstleistungen, die auf die Wünsche und Probleme jedes Einzelnen zugeschnitten sind.

Wie sehr sich die Gesellschaft im Umbruch befindet, lässt sich an den aktuellen ökonomischen Rahmendaten ablesen. Mehr als die Hälfte aller Ausgaben werden heute in Deutschland bereits für Dienstleistungen ausgegeben: Finanzdienstleistungen, Gesundheitspflege, Kulturdienstleistungen, und so weiter. Im Gegensatz dazu gehen die Ausgaben für Verbrauchsgüter stetig zurück. In den OECD-Ländern ist der Dienstleistungssektor mittlerweile verantwortlich für 85 Prozent des Bruttoinlandsprodukts. Aus einem einfachen Grund: »Die gut verdienenden Frauen, die gestressten Männer der globalen Wissenswelt brauchen Service, Service, Service, im privaten wie im beruflichen Sektor, morgens, mittags, abends, rund um die Uhr.«[29]

Megatrend Bildung – Die Hochbildungsgesellschaft

Der Wandel unserer Arbeitskultur wird begleitet vom Megatrend Bildung. Überall auf dem Planeten wird Bildung als *die* kommende Schlüsselressource betrachtet. Und auch wenn infolge der Debatte um Unterschichtenfernsehen und Medienverwahrlosung die Skeptiker wieder besonders laut tönen: Wir werden immer klüger; wir Deutschen, aber auch die Menschen in allen anderen Ländern dieser Welt. 76 Prozent der Erwachsenen auf der Erde können heute lesen, 1990 waren es erst 64 Prozent, in den sechziger Jahren nur 42 Prozent. Der neuseeländische Professor James R. Flynn untersuchte viele Jahrzehnte lang die Intelligenzentwicklung auf unserem Planeten und kam aufgrund von Langfristdaten in 20 Ländern der Erde zu folgendem Ergebnis: Der Durchschnitts-IQ in der Breite aller Bevölkerungen stieg in gerade einmal 25 Jahren, also einer Generation, zwischen 5 und 30 Punkte. Die Deutschen verbesserten sich von 1954 bis 1981 um 17 Punkte. Eine 1982 geteste Gruppe holländischer Rekruten schlug die Jahrgänge ihrer Väter um 20 IQ-Punkte, was im Reich der Intelligenzmessung ein unglaublicher Abstand bedeutet.

Auf den Punkt gebracht

»In der Wissensgesellschaft besteht kein Mangel an schlauen Antworten, aber ein gewaltiges Defizit an klugen Fragen.«
Watts Wacker, Zukunftsforscher, First Matter

Vieles spricht dafür, dass die künftigen Generationen weiterhin ein Stück klüger werden. Zum einen haben immer mehr Menschen Zugang zu höherer Bildung. Zum anderen wird der Geist in der globalen Wissensgesellschaft mit ihren vielfältigen Verknüpfungssystemen von Mobilität, Medien und Netzwerken unaufhörlich stimuliert, herausgefordert und in Lernstress versetzt. Die Gesellschaften, die auf breiter Basis diesen Lernprozess fördern und in die Bildung investieren, werden langfristig die Nase vorn haben. Im internationalen Vergleich hat Deutschland allerdings einen immensen Nachholbedarf, was die Zahl der höheren Bildungsabschlüsse anbetrifft. Hierzulande haben gerade einmal 34 Prozent einen tertiären Bildungsabschluss, der die Hochschulberechtigung erlaubt. Lediglich 25 Prozent studieren und 18 Prozent schließen ihr Studium ab. Im Vergleich dazu beginnen in Schweden 75 Prozent der Schulabgänger ein Studium, in Finnland sind es 71 Prozent und in den USA 64 Prozent.[30]

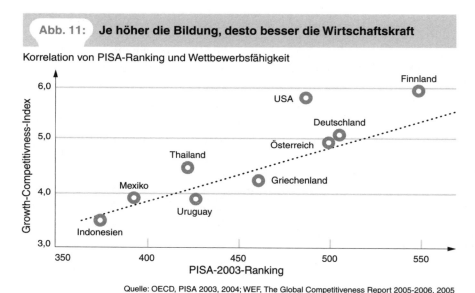

Abb. 11: **Je höher die Bildung, desto besser die Wirtschaftskraft**
Korrelation von PISA-Ranking und Wettbewerbsfähigkeit

Quelle: OECD, PISA 2003, 2004; WEF, The Global Competitiveness Report 2005-2006, 2005

Wieviel Hochgebildete braucht ein Land?

In Deutschland gibt es in einigen Zirkeln immer noch die starre Vorstellung, dass höhere Bildung einer Elite vorbehalten werden sollte. Schließlich gäbe es ja gar nicht so viele Jobs für die ganz Klugen. Viele Studien zeigen jedoch, dass eine Erhöhung des Humankapitals durch eine breite tertiäre Bildung die gesamte Wirtschaft beflügelt. Jedes Jahr an weiterführender Bildung, das eine Bevölkerung im Schnitt genießt, steigert das Bruttosozialprodukt um 3 bis 6 Prozent.[31] Je klüger die Menschen, desto schneller wird der Strukturwandel vorangetrieben, die Mindestlöhne steigen und die Aufwärtsmobilität nimmt zu. Die Menschen klüger zu machen wird daher zu der zentralen Herausforderung schlechthin – und das über alle Altersstufen hinweg. Je schneller sich in der Wissensökonomie Jobprofile ändern und je kürzer die Anstellungsverhältnisse dauern, desto wichtiger wird das ständige Wissens-Update. In diesem Prozess wandelt sich unser Bildungsverständnis vom »Eintrichtern« zum Ideal des permanenten Selbstlernens. Neue Intelligenzdefinitionen entstehen als Herausforderung für die Bildungspolitik: Emotionale Intelligenz, Teamintelligenz, holistische Intelligenz, Netzwerkdenken. Das Ziel ist eine Hochkompetenz-Gesellschaft, in der 70 Prozent der jungen Generationen über einen hohen Bildungsabschluss verfügen.[32]

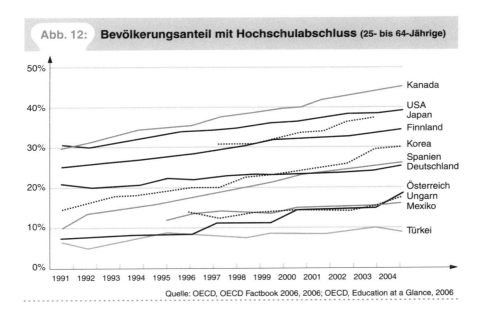

Abb. 12: **Bevölkerungsanteil mit Hochschulabschluss** (25- bis 64-Jährige)

Quelle: OECD, OECD Factbook 2006, 2006; OECD, Education at a Glance, 2006

»Wieso, weshalb, warum, wer nicht fragt, bleibt dumm.«

Um schon früh den akademischen Nachwuchs für die Universitäten zu begeistern, veranstalten mittlerweile viele Hochschulen Kinder-Universitäten. Die Resonanz von Seiten der Kinder (oder ihrer Eltern) ist riesengroß, und die Hochschulen können schon frühzeitig in den »War for

Talents« einsteigen. Tübingen war die erste Alma Mater, die das Schnupperstudium für die Kleinen einrichtete. Mittlerweile sind es bundesweit 70 Universitäten. Bildung wird künftig noch wichtiger und in unserer Lebenswelt zunehmend allgegenwärtig. Allmählich beginnt sich deshalb auch der Fokus in der Erlebnisbranche zu verschieben. Auf immer mehr Freizeitgebieten verschmelzen Unterhaltung, Wissen und Pädagogik. Edutainment und Infotainment sind die begrifflichen Etiketten dafür. Die vorsichtig prognostizierte Zahl von 60 000 Besuchern bei der Eröffnung des Mathematikums in Gießen wurde innerhalb kürzester Zeit um mehr als das Doppelte überschritten. Lernen kann Spaß machen, und je klüger wir werden, desto mehr Spaß werden wir daran haben.

Ein riesiger Markt für Bildung

Schon in naher Zukunft wird kontinuierliche Weiterbildung bei jedem anspruchsvollen Job oder in der Jobpause selbstverständlich dazugehören. Daraus wird sich ein florierendes Business entwickeln. Einer Schätzung des Bankhauses Merill Lynch zufolge beträgt das Finanzvolumen des globalen Bildungsmarktes rund 2 200 Milliarden US-Dollar jährlich.[33] Der amerikanische Wissenstrust Sylvan Learning Systems wurde 1999 gegründet und hat seitdem rund 200 Millionen Dollar an Kapital investiert. Seit der Gründung wurden Bildungseinrichtungen in Chile, Mexiko, Spanien, Frankreich sowie in der Schweiz akquiriert. Der weltweit größte Anbieter von Weiterbildung, Apollo (www.apollogrp.edu), hat eine Börsenkapitalisierung von mehr als 7 Milliarden Dollar. Bevorzugte Orte, an denen Apollo Bildungsanbieter aufkauft: Deutschland, Niederlande, Spanien, China und Indien.

Eingeloggt in der Virtual University

Große Wachstumsraten verspricht vor allem das Online-Learning, welches das Präsenzlernen nicht ersetzen, aber sinnvoll ergänzen wird. Innovationsdruck und die Akzeleration des Wettbewerbs zwingen uns in den nächsten Jahren, im Job permanent dazuzulernen. Zeit- und Kostendruck werden die Nachfrage nach internetgestützten Bildungsangeboten befördern. An der »Zentralen chinesischen TV- und Radio-Universität« sind beispielsweise 1,5 Millionen Studenten eingeschrieben. Jährlich verlassen 100 000 Akademiker die virtuelle Hochschule. Die African Virtual University wurde im Jahr 1997 gegründet und verfügt über 34 Standorte in 19 afrikanischen Ländern. Im Jahr 2050, so eine Schätzung der Weltbank, wird der Markt des Online-Learnings auf 150 Billionen US-Dollar angewachsen sein.[34]

Praxis-Check

Cross-Coaching
Neue Wege in der beruflichen Fortbildung zu gehen, bedeutet über den Tellerrand der eigenen Qualifikation und des eigenen Business zu schauen. Suchen Sie sich einen Bekannten, der nicht in Ihrer eigenen Branche tätig ist. Wenn Sie als Consultant tätig sind, sprechen Sie zum Beispiel mit einem Musiker. Diskutieren Sie folgende Fragen:

- Welche Qualifikationen/Fertigkeiten der jeweils einen Branche lassen sich in der anderen nutzen?
- Was hat in der jeweils einen Branche zu Qualitätsverbesserungen geführt, und lässt sich dies auf die andere Branche übertragen?
- Was würde man in der Position des anderen an den jeweiligen Produkten/Dienstleistungen ändern?
- Welche Services, Innovationen, Veränderungen würde man in der Position des anderen herbeiführen wollen?

Megatrend Frauen – Feminisierung der Kultur

Der Megatrend Frauen wird unsere Gesellschaft tiefgreifend verändern. Die Erklärung hierfür ist schlicht: Der Einfluss des weiblichen Geschlechts auf Kultur, Gesellschaft und Politik nimmt massiv und unaufhaltsam zu. Hierzulande regiert eine Bundeskanzlerin. In den USA will Hillary Clinton als nächste Präsidentin zur mächtigsten Frau der Welt werden. Frauen kommen – und zwar immer häufiger – oben an.

Auf den Punkt gebracht

»I'm in. And I'm in to win.«
Hillary Clinton anlässlich ihrer Präsidentschaftskandidatur

Frauen drängt es in die Politik und Wirtschaft. Ihr steter Vormarsch in die Erwerbsarbeit, die Feminsierung der Ökonomie, ist ein globales Phänomen. Hierzulande nähern sich seit Mitte der 90er Jahre die Erwerbsquoten der beiden Geschlechter deutlich an. Die Beschäftigungsquote von Frauen im erwerbsfähigen Alter zwischen 15 und 64 Jahren lag 2004 bei rund 58 Prozent. Gegenüber 1997 bedeutet dies einen Zuwachs von 3,2 Prozent, während bei den Männern im selben Zeitraum ein Rückgang von 1,8 Prozent zu verzeichnen war.[35] Die Frauen profitieren von der wachsenden Bedeutung des Dienstleistungssektors, in dem der Anteil weiblicher Arbeitnehmer traditionell hoch ist. Die männlich dominierten Jobs im industriellen Sektor wie zum Beispiel im Baugewerbe erfahren dagegen einen sukzessiven Arbeitsplatzabbau. Auch wenn Frauen im Vergleich zu den Männern häufiger in Teilzeit arbeiten und überproportional in schlechter vergüteten Dienstleistungsberufen wie zum Beispiel in der Gesundheitspflege tätig sind, steigt ihr Anteil auch in den Chefetagen der westlichen Welt. Am stärksten ist diese Entwicklung in großen Unternehmen und Organisationen zu beobachten. Der Anteil weiblicher Top-Manager hat sich in den vergangenen zehn Jahren mehr als verdoppelt.[36] Der Frauenanteil an den Führunspositionen insgesamt stieg im selben Zeitraum um fast 30 Prozent – auf insgesamt 10,43 Prozent.

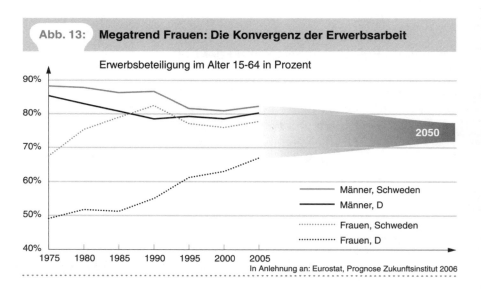

Abb. 13: **Megatrend Frauen: Die Konvergenz der Erwerbsarbeit**

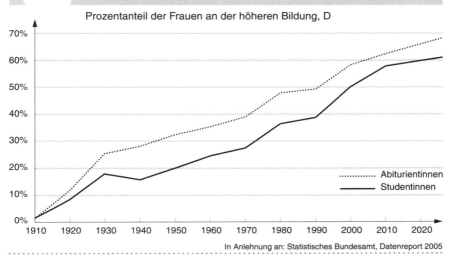

Abb. 14: Die Umverteilung der Bildung

Prozentanteil der Frauen an der höheren Bildung, D

Abiturientinnen
Studentinnen

In Anlehnung an: Statistisches Bundesamt, Datenreport 2005

Frauen – das intelligente Geschlecht

Wichtigster Auslöser dieses Trends ist die Umverteilung der höheren Bildung von den Männern zu den Frauen: Wie der Blick auf die Schulabgänger von 2003/2004 zeigt, haben die Mädchen bei den Abschlüssen mittlerweile die Nase vorn. Während bei ihnen mehr als ein Viertel die allgemeine Hochschulreife erreicht, ist es bei den Jungs nur ein knappes Fünftel. Über zehn Prozent der jungen Männer verlassen die Schule sogar ganz ohne qualifizierten Abschluss. Dieser Trend lässt sich auch an den Universitäten beobachten, die noch vor 100 Jahren dem weiblichen Geschlecht weitgehend verschlossen waren. Im Jahr 2004 gab es dort erstmals mehr Studentinnen als Studenten. Und ebenso wie die Schulabgängerinnen können die Hochschulabsolventinnen im Schnitt bessere Noten vorweisen als ihre männlichen Kommilitonen. Dieser Trend lässt sich überall auf der Welt beobachten: In den weiterführenden Schulen in den OECD-Ländern haben bereits im Jahr 2000 die Mädchen das Bildungspotenzial der Jungen überholt. In den Schwellenländern, selbst in den arabischen Ländern, vollzieht sich der Prozess mit deutlicher Verzögerung, aber dennoch kontinuierlich. Während die Männer immer häufiger zu ratlosen Verlierern des kulturellen Wandels werden, profitieren Frauen von den neuen Möglichkeiten der Wissensgesellschaft.

Wider das Eva-Prinzip: Hausmänner an den Herd

Vor diesem Hintergrund erscheinen die Thesen von Eva Hermann, die in *Das Eva-Prinzip* die Bestimmung der Frau am heimischen Herd sieht, als absurd. Für die Mehrheit der Frauen sind Karriere *und* Familie kein Widerspruch, sondern das bevorzugte Lebensmodell. Die Statistiken im internationalen Vergleich zeigen zudem sehr deutlich, dass überall dort, wo die Erwerbsquote der Frauen besonders hoch ist, auch sehr viel mehr Kinder in die Welt gesetzt werden, beispielsweise in Frankreich. Das lässt sich leicht erklären: Die Ausübung eines Berufs ist die Voraussetzung für finanzielle Sicherheit, die sich Frauen wünschen, bevor Sie Kinder haben wollen. Jeder weiß zu gut, dass man sich bei steigenden Scheidungszahlen nicht mehr allein auf das Einkommen des Mannes verlassen kann. Neben der finanziellen Unabhängigkeit ist es zudem das Streben nach Selbstverwirklichung, das dazu führt, dass nicht mehr nur die Männer, sondern auch die Frauen Lust und Anspruch auf ein erfüllendes Berufsleben haben.

Starke Frauen – Neue Beziehungsmuster

Bei den steigenden ökonomischen Egalitätsgraden entstehen jedoch gewaltige neue Knappheiten an Zeit, Aufmerksamkeit und Kooperationsbedürfnissen. Frauen wie Männer kämpfen gleichermaßen mit dem Problem der Work-Life-Balance, der Balance zwischen Karriere und Familie. Dabei bilden sich vielfältige Partnerschaftsmodelle heraus. Das klassische Bild – er arbeitet, sie bleibt zu Hause – wird immer seltener. Dafür wächst die Zahl der Hausmänner: In London bleiben bereits 40 Prozent aller Männer, in deren Beziehung die Frau mehr verdient, zu Hause.[37] Auf dem aufsteigenden Ast sind auch Working Couples, die Familie und Partnerschaft als professionelles Unternehmen managen. Auf diese Weise entsteht eine völlig andere Partnerschaftskultur, in der es vor allem um die Moderation von Autonomien geht. Nun ist nicht mehr die Familie in ihrem reproduktiven Sinn das dominierende Muster, sondern die Paardualität, in der aber jeder seine eigene autonome Welt behält – mit Arbeitskollegen, Freundeskreisen und Außenbezügen.

Die Feminisierung des Konsums

Infolge ihres gesellschaftlichen Aufstiegs rücken die Frauen verstärkt in den Fokus der Konsumgüterindustrie und zwar nicht nur in klassisch weiblichen Märkten wie beispielswiese der Mode, sondern auch in typischen Männerbranchen. So haben die Frauen den Do-it-yourself-Trend für sich entdeckt und stürmen die Baumärkte. Sie wollen nicht mehr warten, bis der Mann mit dem Werkzeugkasten kommt. Insbesondere Hornbach umwirbt das weibliche Geschlecht und kreierte bereits 2003 als Reaktion auf die veränderten Rollenbilder den Claim »Women at work«. Gezeigt werden patente Frauen und unbeholfene Männer. Auch in neueren Werbespots und Anzeigenmotiven kommen die Kerle nicht gut weg – sie sind nörgelnde Trottel mit zwei linken Händen, während frau vergnügt Hand an die Gartenhecke legt. Ein aktuelles Motiv mit der Headline »Heimwerkerinnen, vergesst eure Männer nicht« zeigt einen Mann, der eine Konservendose mit der Gabel zu öffnen versucht. Um die weibliche Käuferschaft wird noch in einem anderen, bis dato männlich geprägten Markt, gebuhlt: in den Politik- und Wirtschaftsblättern. Ihre Titelgeschichten widmen sich nun häufiger Themen, die besonders Frauen ansprechen. In der *Zeit* kann man Schlagzeilen lesen wie: »Wie Frauen Macht ausüben« oder: »Wir brauchen einen neuen Feminismus«. Die Reichweite der *Zeit* stieg gegenüber dem Vorjahr um 120 000 Leser. Dazu Chefredakteur Giovanni di Lorenzo: »Die Reichweitensteigerung verdanken wir allein den neu hinzugekommenen Frauen unter unseren Lesern.«[38]

Nicht Geiz, sondern Moral ist geil

Frauen gezielt zu umwerben, ist sinnvoll, denn sie tätigen bereits 80 Prozent der Einkäufe und ihre Autonomie wie Finanzkraft wächst stetig. Damit verändert sich auch die Art und Weise des Konsumierens insgesamt. Konsum wird weiblicher. Neben der wachsenden Bedeutung von Design spielen auch soziale Aspekte eine größere Rolle. Das große Interesse für das Thema Nachhaltigkeit geht in starkem Maße auf den Einfluss der Frauen zurück. Nicht mehr Geiz, sondern Moral ist geil: Sozialverträgliche Produkionsmethoden, fairer Handel und Bioanbau sprechen eine wachsende Käuferschaft an. Darüber hinaus forcieren die Frauen die Entwicklung der Service-Ökonomie. Doppelverdienende Paare, die künftig die Mehrheit ausmachen werden, brauchen keine günstigere Waschmaschine, sondern einen Service, der ihnen die Wäsche abholt und sortiert wieder zurückbringt. In New York gibt es das bereits. Gegen eine monatliche Flatrate kann man beliebig viele Kleidungsstücke abholen, reinigen und wieder nach Hause liefern lassen. Wer es sich leisten kann, wird die Alltagsarbeit zunehmend outsourcen. Wo zusätzliche Hilfe das Leben einfacher macht, werden sich vielfältige neue Unterstützungsservices durchsetzen, beispielsweise in der Kindererziehung oder der Pflege der kranken Eltern.

Praxis-Check

> **Checkliste**
> Ein wesentliches Kreativitätsprinzip ist Vielfalt. Gemischte Teams hinsichtlich Alter und Geschlecht sind einseitig zusammengesetzten Teams überlegen. Überprüfen Sie in Ihrem Unternehmen daher:
>
> 1. Gibt es Abteilungen, in denen ausschließlich Männer arbeiten? Wenn ja, suchen Sie gezielt nach Frauen für neue Positionen.
> 2. Wenn sich in Ihrem Unternehmen nur wenige Frauen bewerben, fragen Sie die bestehenden weiblichen Angestellten gezielt nach deren Verbesserungsvorschlägen.
> 3. Wenn Projektteams gebildet werden, achten Sie auf ein gemischtes Geschlechterverhältnis.
> 4. Wenn Sie neue Produkte/Services einführen, achten Sie auf die eventuell unterschiedliche Wahrnehmung dieser Innovationen von Seiten der Frauen und Männer.

Von der Trendidentifikation zur Innovation

Trends zu erkennen ist das eine. Den Ideen Taten folgen zu lassen, ist das andere. Um Letzteres geht es, wenn man von Trends zu neuen Märkten oder Businessmodellen gelangen will: um Konkretisierung im Sinne der Möglichkeiten und Maßnahmen. Im Wesentlichen handelt es sich dabei um die folgenden vier Schritte:

1. Trends erkennen: Welche Veränderungen lassen sich beobachten?
2. Trends filtern: Welche Entwicklungen sind am wichtigsten?
3. Trends bewerten: Welche Veränderungen lassen sich nutzen?
4. Trends umsetzen: Welche Ideen lohnt es zu realisieren?

Trends erkennen

Die Megatrends sollte man immer im Auge behalten, denn auf ihnen setzen die Konsumtrends auf. So führt beispielsweise der Megatrend Gesundheit in Verbindung mit einer alternden Gesellschaft zu einem größeren Interesse für sanfte Sportarten wie Yoga oder Nordic Walking. Dies wiederum drückt sich in spezfischen Angeboten der Sportartikelindustrie, der Hotellerie, der Mode und so weiter aus. Und hier gilt: Wer zuerst kommt beziehungsweise am besten vorbereitet ist, hat die besseren Chancen, den Markt für sich zu erschließen.

Zukunftstipp

Viel wichtiger, als kurzfristigen Hypes nachzuspüren, ist ein geeignetes Such- und Sortiersystem für Trends im Unternehmen. Die Einteilung in Megatrends hat sich bewährt.

Doch wie erkennt man, dass sich Trends in unserem Alltagsverhalten und Konsumgewohnheiten beginnen durchzusetzen? Muss man hierfür Heerscharen von Trendscouts beschäftigen, die sich in den angesagten Bars von Berlin, New York und Tokyo herumtreiben? Zu Ihrer Beruhigung: Das ist nicht nötig. Viele Wege führen nach Rom und ebenso führen viele Wege zum Trend. Trendforschung ist in ihrem Kern Informationsverdichtung, also eine journalistisch geprägte Tätigkeit. Und so wie Journalisten Interviews führen, vor Ort recherchieren und externe Datenquellen auswerten, bieten sich auch dem Trend- und Zukunftsforscher verschiedene Möglichkeiten der Trenderkennung. Die hauptsächliche Arbeit besteht darin, Informationen aus vielen verschiedenen Bereichen in einen Kontext zu bringen, sodass sich aus losen Versatzstücken unserer Wirklichkeit Veränderungsmuster herausschälen. Die Grundtechnik der Trend- und Zukunftsforschung ist daher die Kontextanalyse, die nach folgendem Grundmuster verfährt:

Analysieren: Scanning

Hinter dem Begriff steht der Prozess, die Ganzheit unserer Kultur nach schwachen Signalen (»weak signals«) abzutasten, die Trends ankündigen. Häufen sich neue Themen? Werden bestimmte Farben, Symbole auffallend oft verwendet, die für eine veränderte Werthaltung stehen? Der Aufschwung der New Economy in den späten 90er Jahren beispielsweise war begleitet von einem großen Interesse für Technologie, das sich nicht nur in den Themen der Medien widerspiegelte, sondern auch in der Verwendung der Farbe Silber: silberne Kosmetika, silberne Mode und vor allem silberne Autos. Die Farbe symbolisiert technologischen Aufbruch, Schnelligkeit (Silberpfeil), Zukunft und damit alle Verheißungen, die an den Internet-boom gekoppelt waren. Im Jahre 2000 war bereits die Mehrheit aller neu zugelassenen Automodelle silber. Am Anfang handelte es sich nur um eine kleine Zunahme in der Statistik, ein schwaches Signal, das zunehmend stärker wurde. Beim Scanning geht es also darum, feine Veränderungen in den Interpretationen der Welt wahrzunehmen. Dazu dient die Analyse von Zeitungen, Magazinen, Fernsehen und Internet sowie das Auswerten von Studien oder Expertenberichten.

Praxis-Check

Megatrends aufspüren und erfassen
Nehmen Sie sich die Tageszeitungen und Magazine der kommenden vier Wochen vor und werten Sie diese anhand der Megatrends aus. Sortieren Sie die Artikel dem/den jeweiligen Megatrend(s) zu. Sie gewinnen ein Gefühl dafür, mit welcher Bandbreite und wie facettenreich sich ein Megatrend darstellen lässt.

Werten Sie die Zeitungsberichte aus und erstellen Sie eine Rangfolge der Megatrends nach ihrer aktuellen Bedeutsamkeit. So wird die Dimension der Megatrends spürbar.

Trendanalyse ist kein Hexenwerk

Scanning ist also nichts Sensationelles oder Geheimnisvolles, aber wenn man es professionell machen will, ist es ein anspruchsvoller Prozess. Zum einen muss man weit genug blicken, sowohl nationale wie internationale Quellen im Blick haben. Zum anderen muss man breit genug blicken, also Informationen aus Wirtschaft, Politik und Kultur gleichermaßen berücksichtigen. Kein Mensch allein kann alles im Auge behalten, von daher findet bei uns im Zukunftsinstitut ähnlich wie bei Zeitungsredaktionen eine Aufteilung nach Ressorts statt. Ähnliches empfiehlt sich auch für Unternehmen: Während einer dafür verantwortlich ist, schwache Signale im Bereich der Technologie zu orten, kümmert sich der andere um Politik oder Wirtschaft. Wichtig hierbei ist, besonders aufmerksam an den Rändern der Gesellschaft zu suchen. Trends entstehen häufig in Szenen: Die Sportart Kitesurfen entwickelte sich beispielsweise aus der Surferszene. Der Begriff »Szene« ist dabei nicht auf jugendliche Gruppierungen beschränkt. Es kann sich ebenso um wissenschaftliche Zirkel handeln, in denen neue Perspektiven entwickelt werden.

Beobachten: Trendscouting

Neben dem Recherchieren und Auswerten von Informationen am Schreibtisch ist das Trendscouting, das Beobachten vor Ort, ein weiterer Erkenntnisbaustein. Die professionellen Trendscouts haben dabei wenig mit der medial vermittelten Phantasie des jungen, smarten, hippen Menschen zu tun, der weltweit durch Diskotheken streunt. So sind die meisten wohl überrascht, wer für H&M weltweit nach den neuesten Modetrends Ausschau hält. Es handelt sich um die 64-jährige Margareta van den Bosch, die seit rund 20 Jahren Chefdesignerin bei dem schwedischen Modekonzern ist. Eine ihrer Hauptätigkeiten: reisen und Impulse aufnehmen. Eine Woche von ihr kann manchmal folgendermaßen aussehen: Montag und Dienstag in New York, Mittwoch in Paris, Donnerstag in Mailand und das Wochenende in Tokyo. Sie besucht Ausstellungen in diesen Städten, guckt sich auf Flohmärkten um und streift durch die Läden. Ihre Eindrücke schreibt sie auf, fliegt zurück nach Stockholm und bespricht sie mit den rund 100 H&M-Designern. In eng abgegrenzten Bereichen wie der Mode, die eine starke Rückkopplung zur Alltagskultur haben, funktioniert das Trendscouting sehr gut. Würde es darum gehen, Trendentwicklungen im Bereich alternativer Energiesysteme zu orten, käme man mit der Methode kaum weiter. Sie brauchen sich also nicht verrückt machen zu lassen. Auch wir im Zukunftsinstitut beschäftigen kein Heer von Trendscouts, sondern arbeiten projektweise mit Experten und Korrespondenten im Ausland zusammen, die meist einen journalistischen Hintergrund mitbringen. Sie übernehmen das Beobachten und die Analyse vor Ort, was einen wertvollen Beitrag zum Sammeln trendrelevanter Informationen liefert.

Praxis-Check

Trendscouting live
Begeben Sie sich dorthin, wo sich Ihre Lead User aufhalten. Lead User sind jene Kunden, die Ihr Produkt/Ihren Service am meisten beziehungsweise in-

novativsten verwenden. Als Hersteller von zahnärztlichen Instrumenten fragen Sie einen Zahnarzt, der sich häufig beschwert oder Vorschläge geäußert hat, ob Sie diesen für einen Tag in der Praxis begleiten dürfen. Notieren Sie Ihre Beobachtungen, wo es möglicherweise Probleme in der Anwendung gibt oder der Zahnarzt das Produkt in neuen Kontexten verwendet.

Befragen: Delphi-Panel

Bei dieser Methode wird eine bestimmte Frage an ein größeres Expertensystem gestellt. Eine Auswahl an Fachexperten wird zu einem bestimmten Thema mit Thesen konfrontiert und zu einer Stellungnahme animiert. Der Rückfluss der Antworten wird dann ausgewertet, zu neuen Thesen verdichtet, die wiederum an die Experten zurückgespielt werden. So formt sich schließlich eine verdichtete Expertenmeinung heraus. Die Delphi-Methodik ist eine effektive Erhebungsmethode in der Hinsicht, dass sie in räumlicher und zeitlicher Unabhängigkeit die Zusammenschaltung von geballtem Expertenwissen ermöglicht. Aus diesem Grund findet sie auch in der Wissenschaft eine breite Akzeptanz. Ein großes Manko ist jedoch, dass sich Ideen, die jenseits der Mehrheitsmeinung liegen, bei diesem Verfahren nicht durchsetzen können. Schließlich werden die Ansichten vieler auf einen gemeinsamen Nenner verdichtet. Zudem kranken die Einschätzungen nicht selten an der »Tunnelung« durch Experten. Der Erfolg der Methode hängt daher in starkem Maße von der richtigen Auswahl der befragten Experten ab. Diese müssen nicht immer aus der Wissenschaft kommen.

Zukunftstipp

Fragen Sie Ihren Taxifahrer. Die Experten für soziokulturelle Trends befinden sich häufig nur einen Sitz vor Ihnen.

Die internationale Werbeagentur Leo Burnett beispielsweise befragte kürzlich 300 Taxifahrer in zehn asiatischen Städten, um die Auswirkungen des ökonomischen Booms auf den Konsum herauszufinden. Kaum eine andere Berufsgruppe sieht und hört so viel von den Gepflogenheiten der Menschen, sodass sie zu Recht als Experten für Alltagskultur gelten.

Sensibilität für die Zwischentöne der Kultur

Fasst man die beschriebenen Methoden zusammen, so handelt es sich um basale menschliche Erkenntnisprozesse: Befragen, beobachten und analysieren. Je systematischer Sie dies tun und je offener Sie für Ihre Umwelt sind, desto größer sind die Chancen, Trends zu erkennen. Häufig sind es Beiträge in kleinen Magazinen, die den Anstoß für eine Entwicklung geben. So lässt sich der Nordic Walking-Trend auf einen Artikel des finnischen Sportstudenten Marko Kantaneva zurückführen. In seinem Beitrag aus dem Jahre 1997 schrieb er über das »Gehen mit Stöcken« als ganzjährige Fitnesskur für jedermann. Die finnische Firma Exel, die Langlaufstöcke produziert, kam hierüber in Kontakt mit Kantaneva und verpflichtete ihn zur Entwicklung spezieller Stöcke. Von Finnland aus breitete sich der Trend schnell in Europa aus. Allein in Deutschland gab es 2005 mehr als zwei Millionen Anhänger dieser neuen Sportart.

Trends filtern

Wir haben gesehen, wie tiefgreifend die Megatrends auf die Gesellschaft einwirken. Die Beschäftigung mit diesen langfristigen Entwicklungen sollte ein kontinuierlicher Prozess im Unternehmen sein.

Zukunftstipp

> Beziehen Sie auch jene Megatrends auf Ihr Unternehmen, die augenscheinlich keine Bedeutung haben. Hier lauern oftmals die größten Chancen.

Schritt 1: Setzen Sie Trends in Bezug zu Ihrem Unternehmen

Die Megatrends müssen nicht auf dem täglichen Arbeitszettel stehen – der gefühlte Wandel ist viel schneller als der reale –, doch zumindest zwei- bis dreimal im Jahr empfiehlt sich eine umfassende Bestandsaufnahme: Haben die Tiefenströmungen der Gesellschaft eine neue Richtung eingeschlagen? Gibt es große Veränderungen, die sich statistisch ablesen lassen? Blühen am Rande der Gesellschaft neue Märkte, die sich auf die Mitte zubewegen? Die Arbeit mit den Megatrends ist deswegen so wichtig, weil sie aufgrund ihrer großen Komplexität und Tragweite eine Vielzahl an unternehmensrelevanten Faktoren beeinflussen: das gesellschaftliche Umfeld, die ökonomische Entwicklung sowie veränderte Konsumbedürfnisse. Doch wenn alle Megatrends bedeutend sind, stellt sich die Frage, worauf man sich konzentrieren soll. Es empfiehlt sich deshalb, die Megatrends in Bezug zum eigenen Unternehmen zu setzen. Also: Was bedeutet beispielsweise der Megatrend Gesundheit für mich als Augenoptiker oder als mittelständischer Hersteller von Produkten für den Gartenbedarf? Um diese Fragen zu beantworten, müssen Sie keine umfangreichen Studien betreiben. Sie sollten jedoch jeden der vorgestellten Megatrends begutachten und in Bezug zu Ihrem Markt und Ihren spezifischen Branchenbedingungen setzen.

Praxis-Check

Abb. 15: **Megatrends** und ihre Auswirkungen auf das Unternehmensumfeld Arbeitsvorlage

Megatrend	Kunden	Wettbewerb	Technologie	Recht	Ideen

Ausgehend vom Arbeitsblatt in Abbildung 15 notieren Sie bitte in der linken Spalte jeweils einen Megatrend und ergänzen dann, welche Auswirkungen dieser auf verschiedene Bereiche in Ihrem Marktumfeld hat. Die abgebildete Auflistung relevanter Teilbereiche kann unternehmensspezifisch ergänzt werden. Das Arbeitsblatt zeigt solche, die branchenunabhängig für jedes Unternehmen von Bedeutung sind. Führt der behandelte Megatrend möglicherweise zu neuen rechtlichen Auflagen in Ihrer Branche? Oder gibt es technologische Entwicklungen, die im Zusammenhang mit dem Megatrend stehen?

Abbildung 16 können Sie als Übungsbeispiel nutzen. Sie zeigt, wie das Arbeitsblatt in Abbildung 15 ausgefüllt werden könnte.

Abb. 16: **Megatrend Gesundheit** und seine Auswirkungen auf das Unternehmensumfeld am Beispiel eines Unternehmens der Augenoptikbranche

Megatrend Gesundheit	Kunden	Wettbewerb	Technologie	Recht	Ideen
Alle Angebote werden unter Gesundheitsaspekten betrachtet	Hinwendung zu medizinisch versierten Spezialisten	Klinikbetreiber als neue Wettbewerber		Neue EU-Richtlinie zur Kennzeichnungspflicht	Fitness- und Wellnessclubs als Vertriebskanal erschließen
Zunehmende Schadstoff-Hysterie	Wunsch nach stärkeren Kontrollen		Neue antibakterielle Herstellungsverfahren		Mobile Prüflabors, die zum Kunden fahren
Gesundheit als neuer Luxus	Höhere Zahlungsbereitschaft für Gesundheitsprodukte	Luxusmarken steigen in den Wettbewerb ein	Neue Verarbeitungsverfahren für höherwertige Materialien	Neue Haftungsbedingungen für Gesundheitsschäden	Persönliche Gesundheits-Consultants als Premium-Service
Umfassender Gesundheitsbegriff (Körper und Geist)	Zunehmendes Interesse für Yoga, Meditation	Konkurrenz durch Spezialversender im Internet			Personal Coaches als neue Vertriebspartner

Um beim Megatrend Gesundheit im oben geschilderten Beispiel zu bleiben: Gibt es im Bereich der Augenoptik möglicherweise Herstellungsverfahren für Kontaktlinsen, die für das Auge später besonders schonend sind? Ließe sich dadurch die wachsende Zahl von Menschen ansprechen, die unter Migräne leiden? Und wenn nicht: Gibt es technische Entwicklungen in der Erprobungsphase, die hierauf abzielen? Bei der Beantwortung solcher Fragestellungen kann sich bereits direkt eine Idee für Produktinnovationen anschließen. Beispielsweise: Die Kontaktlinse für Migräneleidende. Oder breiter gefasst: Die Kontaktlinse, die die Augen nicht müde macht und aktiver arbeiten lässt. In

> diesem ersten Schritt stehen zwar nicht die Umsetzungen im Vordergrund, gleichwohl können sich hier schon erste Ideen herausbilden, die man in der rechten Spalte notiert.

Chancen lauern dort, wo man sie nicht erwartet

Je nachdem, in welcher Branche Sie tätig sind, wird der ein oder andere Megatrend für Sie wichtiger sein. Der Megatrend »Alterung« hat für den Betreiber von Pflegeheimen auf den ersten Blick zunächst einmal größere Bedeutung als für einen Hersteller von Schulranzen. Doch auf den zweiten Blick wird sich der Ranzenproduzent sehr viel mehr mit der Alterung der Gesellschaft auseinandersetzen müssen, wenn seine Hauptkundengruppe – die Schulkinder – immer kleiner wird und das Geschäft hinsichtlich der Käuferzahl zwangsläufig rückläufig ist. Womöglich bieten aber gerade die Älteren einen interessanten Zukunftsmarkt. Schließlich gewinnt das Thema Bildung für sie einen immer größeren Stellenwert, was sich an der steigenden Zahl der Seniorenstudenten in Universitäten wie auch Volkshochschulen ablesen lässt. Sicher kommen für diese älteren Semester keine Schulranzen und wahrscheinlich auch keine Rucksäcke in Frage, aber womöglich auch nicht die üblichen Aktentaschen, die sie von ihrem Geschäftsleben gewohnt waren.

Auch wenn bei solchen Überlegungen sofort die Alarmglocke »Achtung Nische!« klingelt: Jeder Wachstumsmarkt hat einmal als Nische angefangen. Und dann zählt natürlich nicht nur Menge, sondern auch Marge.

Best Practice

> Ein interessantes Beispiel für ein Unternehmen, das sich neu ausrichtete und komplett von einer sehr jungen auf die ältere Zielgruppe umstellte, ist die Paul Hartmann AG. Der Windelhersteller verkaufte seine Babywindelmarke Fixies und stellte die Produktion vollständig auf Erwachsene um. Mit dem Zuwachs an älteren Menschen wird nämlich auch die Zahl der an Inkontinenz Leidenden zunehmen. Schon heute werden in Europa rund 1,7 Mrd. Euro und in Deutschland etwa 500 Millionen Euro umgesetzt. Die Paul Hartmann AG rechnet mit

> einem kontinuierlichen Wachstum um vier bis fünf Prozent auf dem europäischen Markt.

Schritt 2: Chancen und Risiken für das Unternehmen finden

Nachdem Sie im ersten Schritt jeden einzelnen Megatrend in seinen Auswirkungen für Ihren Markt untersucht haben, geht es im Folgenden darum, die Chancen und Risiken herauszufiltern. Hierfür sind auf einem Arbeitsblatt (siehe Abbildung 17) zehn Megatrends in der linken Spalte aufgeführt, die folgendermaßen untersucht werden:

Praxis-Check

1. Notieren Sie zusammenfassend zu jedem Megatrend, basierend auf Ihren vorigen Ausführungen, die für Ihr Unternehmen wichtigsten Entwicklungen – die key facts. Dies mag wie eine Wiederholung klingen – schließlich haben Sie dies ausführlich im ersten Schritt getan –, doch es dient der Komprimierung. Versuchen Sie, sich auf die entscheidenden Punkte zu konzentrieren. Beim Megatrend Alterung würde ein Finanzdienstleister vielleicht notieren: »Immer mehr Geld konzentriert sich auf ältere Kunden (unter anderem. durch Erbschaften in hohem Alter)«.
2. Unter den Spalten »Chancen« und »Risiken« notieren Sie dann die möglichen positiven wie negativen Konsequenzen. Ein Risiko, das sich für Finanzdienstleister durch den Megatrend Alterung ergibt: Ältere Kunden benötigen nicht die klassischen Finanzprodukte wie Konsumentenkredite, Baufinanzierungen oder Rentenfonds – also all das, womit Banken gewöhnlich Geld verdienen. Die Konsequenz: sinkender Umsatz und Gewinn. Als Chance lässt sich jedoch das hohe Geldvermögen anführen, das sich in den Händen älterer Kunden bündelt, was für Banken gleichsam ein erhöhtes Geschäftsvolumen bedeuten kann – aber nicht muss. Bisher fehlen noch die Antworten der Branche auf die veränderte Situation. Es fällt Finanzdienstleistern schwer, mit älteren Kunden über andere Themen, wie zum Beispiel Erbschaft, ins Gespräch zu kommen. Die Notwendigkeit für innovative Produkte ist daher zwingend gegeben.
3. Die Beurteilungen, welchen Stellenwert die Chancen und Risiken einnehmen, kommen in die weiteren Spalten. Notieren Sie, wie relevant der Mega-

> trend mit seinen Entwicklungen für Ihr Unternehmen ist. Dies hängt verständlicherweise von der übergeordneten Fragestellung ab: Geht es um die langfristige strategische Unternehmensausrichtung oder um einen kürzer orientierten Innovationsprozess.?
> 4. Je nach Fragestellung treffen Sie Ihre Einschätzung, versehen mit einer zeitlichen Einordnung: Wann werden die Folgen des Megatrends für Ihr Unternehmen am größten sein? Ist dies erst in zehn Jahren der Fall, weil sich die Trendentwicklung nur schleppend vollzieht, oder ist es kurz vor zwölf, weil sich das bestehende Geschäft bereits im freien Fall befindet?

Die Musikindustrie beispielsweise hat den Megatrend Individualisierung und seine Folgen für ihr Business völlig falsch eingeschätzt. Man dachte, dass man sich mit rechtlichen Schritten erfolgreich gegen den Trend wehren könnte, Songs aus dem Internet illegal runterzuladen. Doch der Wunsch der Kunden, selbstbestimmt Musik zu konsumieren – zeitlich, örtlich, inhaltlich – war mächtiger als das Geschäftsprinzip der Musikindustrie. Zu groß waren bereits die Downloadzahlen, die deutlich von einem veränderten Nutzungsverhalten sprachen. Doch die Musikindustrie konzentrierte sich mit ihren jurisitschen Prozessen gegen Raubkopierer hauptsächlich auf das Eindämmen der Risiken, anstatt die Chancen zu fokussieren: ein legales Angebot, das den neuen Konsumbedürfnissen gerecht wird. Die Chancen ergriff ein Branchenfremder, nämlich Steve Jobs, der mit seiner Musikplattform iTunes mittlerweile weltweit mehr als drei Millionen Songs pro Tag verkauft und einen satten Gewinn einfährt.

Abb. 17: **Megatrends** und ihre Chancen und Risiken für Unternehmen
Arbeitsvorlage

Megatrend	Key Facts	Chancen	Risiken	Relevanz	Zeitraum	Priorität
Globalisierung						
Digitalisierung						
Individualisierung						
Mobilität						
Neo-Ökologie						
Gesundheit						
Alterung						
Bildung						
New Work						
Frauen						

Von Trends zu Märkten | **75**

Und so könnte ein Hersteller von Muskelaufbau-Präparaten seine Chancen und Risiken beurteilen:

Abb. 18: **Megatrends** und ihre Chancen und Risiken für einen Hersteller von Muskelaufbau-Präparaten

Megatrend	Key Facts	Chancen	Risiken	Relevanz	Zeitraum (in Jahren)	Priorität
Gesundheit	Gesundheit als neuer Luxus	Potenzial für Premium-Angebote mit höheren Margen	Wettbewerbsdruck durch neue Marktteilnehmer	+++	2 - 3	+++
Alterung	50+ Generation als neue große Kundengruppe	Enorme Kaufkraftpotenziale	Geringe Kaufinteressen	++	5 - 7	+
Bildung	Lebenslanges Lernen als Pflicht	Fortbildung als neuer Kundenservice	Hohe Kosten ohne direkten Erlös	+	3 - 5	+
New Work	Flexibilisierung der Arbeit	Kostenreduktion durch Home Offices	Verlust des Zusammengehörigkeitsgefühls	++	1 - 2	++
Frauen	Größerer Einfluss von Frauen bei Kaufentscheidung	Umsatzwachstum durch Frauen als neue Kundinnen	Mangelnde Glaubwürdigkeit, da männlich positioniert	+	2 - 3	+

+ = gering; + + = mittel; + + + = hoch

Trends bewerten

Trends zu erkennen ist das eine. Herauszufinden, welche Auswirkungen sie für die eigene Situation, das eigene Unternehmen haben, ist das andere. Dabei sollten Sie sich ausreichend Zeit lassen.

Zukunftstipp

Blicken Sie öfter mal über den Tellerrand. Fragen Sie sich, was die Trends für Ihre Geschäftspartner und Lieferanten bedeuten. Sonst laufen Sie Gefahr, dass Insellösungen entstehen.

Schritt 1: Die Top Five Trends in Bezug zu Geschäftsprozessen setzen

Im folgenden Arbeitsschritt konzentrieren Sie sich auf jene fünf Megatrends, die Sie vor dem Hintergrund ihrer Zielsetzung (langfristige Strategie, Innovationsentwicklung…) mit der höchsten Priorität versehen haben. Von den zuvor elf grob analysierten Megatrends beschäftigen Sie sich nun also nur noch mit den für Sie besonders wichtigen. Achten Sie darauf, dass die Trends, mit denen Sie weiterarbeiten, nicht nur eine hohe Relevanz haben, sondern auch verschiedene Chancenfelder eröffnen. Sie werden die Erfahrung machen, dass einige der Megatrends eng miteinander zusammenhängen und in den Chancen und Risiken für Ihr Unternehmen sehr ähnlich sein können. In diesem Fall behandeln Sie zwei Megatrends zusammen (zum Beispiel Megatrend Bildung und New Work) und berücksichtigen noch einen zusätzlichen.

In der weiteren Analyse werden nun die Megatrends mit ihren Chancen und Risiken in Bezug zu den einzelnen Bestandteilen der Wertschöpfungskette Ihres Unternehmens gesetzt. Welche neuen Anforderungen ergeben sich an jedes einzelne Glied in der Kette? Also: Wenn sich aus der Alterung der Gesellschaft die Chance ergibt, dass ältere Kunden verstärkt Services nachfragen, was bedeutet dies für Ihr Produkt? Muss dieses dann um Services ergänzt werden? Und welche Services könnten das sein? Gibt es hierzu gleich schon eine Idee, die sich notieren lässt? Und was sind die Konsequenzen für Ihre Mitarbeiter? Müssen diese zusätzlich geschult werden? Inwiefern betrifft dies auch die Lieferanten und Partner? Was nutzt der beste Service, wenn externe Partner, beispielsweise der Zustelldienst, unpünktlich und missgelaunt sind. Beim Ausfüllen des Arbeitsblatts in Abbildung 20 werden Sie feststellen, dass die Auswirkungen nicht nur Ihr Unternehmen alleine betreffen, sondern dass es sich um Kettenreaktionen handelt, die mehrere Teile Ihrer Wertschöpfungskette erfassen. Nur wenn man auf diese verschiedenen Teile gleichermaßen einwirkt, werden sich auch die Chancen erfolgreich nutzen lassen.

Abb. 19: Megatrends und ihre Auswirkungen auf die Wertschöpfungskette
Arbeitsvorlage

Megatrend Top Five	Produkt	Services	Distribution	Lieferanten/ Partner	Ideen

Abb. 20: Megatrends und ihre Auswirkungen auf die Wertschöpfungskette am Beispiel eines Getränkeherstellers

Megatrend Top Five	Produkt	Services	Distribution	Lieferanten/ Partner	Ideen
Gesundheit	Ökologische Produktion	Zusatzinformationen im Internet	Vertrieb in Juice-Bars	Kooperation mit Wellness-Brands	Gesundheits-TV mit Medienpartner
Alterung	Höhere Qualität	Lieferung frei Haus	Vertrieb in Luxus-Kaufhäusern	Neue Lieferanten	Aufbau eigener Brand-Shops
Mobilität	Mitnahmefähigkeit garantieren	On-the-Road-Services	Ausweitung der Distribution jenseits stationären Handels	Bedarf an mobilen Service-Partnern	Neue Customer Care-Center an Tankstellen
Individualisierung	Persönliche Konfiguration anbieten	Beratungsunterstützung	Direkt zu den Kunden gehen	Just-in-time-Lieferung	Aufbau eines Haus-zu-Haus-Direktvertriebs
Globalisierung	Lokale Produktadaptionen für das Ausland	Telefonberatung in jeweiliger Landessprache	Vertrieb über Internet	Repräsentanten im Ausland	Gemeinsame Internet-Vermarktungsplattform mit Partnerfirma

Nur wer weiterdenkt, kommt auf neue Ideen

Viele Unternehmen machen den Fehler, ihren Verantwortungsbereich auf den direkten Kundenkontakt zu konzentrieren. So steht für eine Airline meist die Betreuung der Reisenden während des Fluges im Vordergrund. Doch mittlerweile verbringen die Fluggäste mehr Zeit auf dem Boden als in der Luft. Jenseits der Vielflieger-Lounges mit ihrer Standardausstattung machen die Airlines für diese »tote Zeit« bis dato nur wenig Angebote. Eine stärkere Berücksichtigung der vor- und nachgelagerten Bedürfnisse von Reisenden bietet hier viele Möglichkeiten der Differenzierung. Nehmen wir nur einmal den Megatrend Gesundheit. Fast alle Airlines werben für ihre Business-Class inzwischen mit den besten ergonomischen Schlafsitzen. Doch was, wenn man nicht zum Schlafen kommt, weil gerade das Menü serviert wird und danach ein voller Magen beim Einschlafen stört? Damit dies nicht passieren kann, kreierte British Airways den »Club World Sleeper Service«. Bereits vor dem Start im Flughafen wird ein leichtes Menü serviert, damit man direkt nach dem Abheben einschlummern kann. Hätte British Airways in seiner Ideenfindung nicht auch die vorgelagerten Prozesse und seine Geschäftspartner, die Cateringfirmen, betrachtet, wäre diese Innovation nicht geboren worden.

Schritt 2: Suchfelder für Strategien und Innovationen definieren

Nachdem Sie die zuvor getroffene Auswahl an Megatrends in Bezug zur Wertschöpfungskette gesetzt haben, liegt Ihnen nun eine Vielzahl von Ausgangspunkten für strategische Maßnahmen oder die Innovationsentwicklung vor. Die eine oder andere gute Idee zur Umsetzung mag im Laufe des Prozesses bereits entstanden und notiert sein. Doch um Konzepte zu entwickeln, die nachhaltig wirken, müssen Sie weiter fokussieren. Wer alles gleichzeitig versucht und auf allen Feldern aktiv sein will, wird sich zwangsläufig verzetteln. Das gilt für die strategische Planung wie für die Innovationsentwicklung. Nichts ist fataler als die Vorgabe: »Seien Sie kreativ! Entwickeln Sie Ideen, egal in welcher Richtung«. Kreativität entfaltet sich dann am besten, wenn sie sich in einem Rahmen bewegt – zeitlich, finanziell und eben auch inhaltlich. Dieser Rahmen sollte nicht zu eng gesteckt sein, aber es muss ihn geben.

Um diese Fokussierung vorzunehmen, gilt es folgende Frage zu beantworten: Welcher Megatrend mit welchen Chancen und Möglichkeiten bringt

Ihr Unternehmen strategisch am weitesten? Konzentriert man sich auf den Megatrend New Work, der auf alle Bestandteile der Wertschöpfungskette große Auswirkungen hat und damit auch großen Veränderungsdruck erzeugt? Oder fokussiert man auf den Megatrend Frauen, der womöglich nur zwei Aspekte der Prozesskette betrifft, zum Beispiel die Kommunikation und den Vertrieb, dort aber eine besonders starke Wirkung entfaltet. Diese Frage lässt sich am leichtesten dadurch beantworten, indem man ein Trendportfolio erstellt, das nicht mehr Teilaspekte der Wertschöpfungskette betrachtet, sondern gebündelte Innovationsfelder. Ein Getränkehersteller mag in der Auseinandersetzung mit dem Megatrend Gesundheit beispielsweise herausgefunden haben, dass seine Produkte frischer, kalorienärmer und gesundheitsfördernd sein müssen. Bei der Betrachtung des bestehenden Kunden- und Produktportfolios stellte sich heraus, dass es in dieser Richtung kein spezielles Angebot für Kinder gibt. Als Innovationsfeld ließe sich also »Gesundheitsdrinks für Kinder« definieren. Die sich herausbildenden Innovationsfelder lassen sich dann nach zeitlicher sowie strategischer Relevanz in das Trendportfolio eintragen. Was wichtig und was dringlich ist, genießt verständlicherweise erhöhte Priorität.

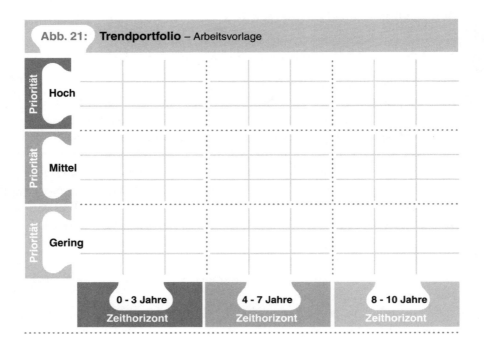

Abb. 21: **Trendportfolio** – Arbeitsvorlage

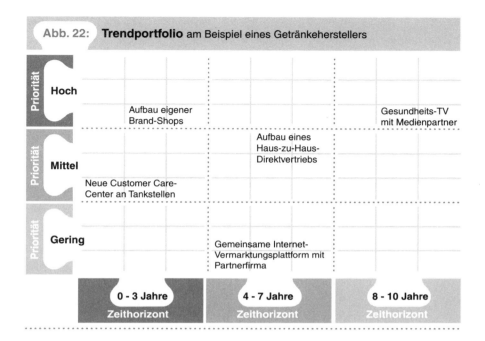

Abb. 22: **Trendportfolio** am Beispiel eines Getränkeherstellers

Zeit für Folgerecherchen einplanen

Als Grundlage für die nun folgende Umsetzung in strategische Maßnahmen oder Innovationen stehen die im gesamten Prozess erarbeiteten Informationen zur Verfügung: die Fakten und Daten zu den Megatrends, ihre Auswirkungen auf das Unternehmen und dessen Wertschöpfungskette. Die zuletzt erfolgte Priorisierung bildet den Startschuss für den kommenden kreativen Part der Ideenentwicklung. Die Darstellung des Prozesses bis zu diesem Punkt mag nach einer kurzweiligen Nachmittagsaufgabe klingen. Tatsächlich lässt sich das Unterfangen auch grob in einem Tagesworkshop durchführen. Wohlgemerkt handelt es sich dabei um eine grobe Betrachtung. Nicht alle Fragen werden sich ad hoc beantworten lassen, beispielsweise welche Auswirkungen ein Trend auf neue rechtliche Regelungen hat, oder was die Folgen für die Lieferanten sind. Hierzu muss man sich mitunter durch langwierige, gezielte Recherchen beziehungsweise persönliche Gespräche schlau machen. So kann es ratsam sein, – je nach Datenlage – zwischen den einzelnen Arbeitsschritten eine Woche für das

Nachtragen fehlender Informationen zu reservieren. Da die Analyse der Megatrends eine breite Perspektive voraussetzt, empfiehlt es sich zudem, während des Prozesses externe Partner wie zum Beispiel Kunden oder auch Branchenfremde einzubinden.

Trends umsetzen

Innovativen Ideen, die passgenau den Zahn der Zeit treffen, haftet meist der Mythos der genialen Eingebung an. Oft hat man den Eindruck, dass findige Unternehmer ihre Ideen aus dem Bauch heraus kreieren. Doch wenn man sich näher mit ihnen beschäftigt, stellt sich heraus, dass es sich um Menschen handelt, die anders mit Informationen umgehen. Sie haben meist ein breites Interessenspektrum. Ihr Bekanntenkreis ist groß und vielfältig. Sie reisen viel, sehen viel und hören viel. Kurz: Sie gehen mit wachen Augen durchs Leben. Vor allen Dingen schauen sie, was sich rechts und links jenseits ihrer Branche tut. Und sie versuchen diese Neugier in ihrer Firma als Unternehmenskultur zu verankern.

Best Practice

Helmut Holl, Geschäftsführer der auf ökologische Holzhäuser spezialisierten Firma Baufritz, berichtete auf dem 10. Zukunftskongress im Jahre 2006, wie man in dieser Firma zu Innovationen kommt: »Ganz einfach: nicht auf Baumessen gehen.« Denn wo sich die eigene Branche trifft, fehlen die notwendigen Impulse von außen. Besuchen Sie also Messen, die außerhalb Ihrer Branche liegen, wie Möbel-, Mode,- oder Automessen. Letztere gaben den Impuls für eine der jüngeren Innovationen bei Baufritz: das Haus mit Cabriodach – eine Fensterkonstruktion, mit der sich weite Teile des Daches freischieben lassen. Auf Deutschlands Straßen findet das offene Fahren immer mehr Anhänger. Den Cabriofahrern geht es um das Gefühl von Freiheit sowie das intensive Erleben von Sonne und Wind. Warum sollte man dieses Gefühl nicht auch zu Hause haben können, dachten sich die Architekten bei Baufritz und entwickelten das Cabriodach.

Schritt 1: Trendinnovationen konzipieren

Die Neugier und Offenheit für Impulse von außen sind die erste Grundvoraussetzung für Trendinnovationen. Die Fähigkeit, aus den Beobachtungen über den gesellschaftlichen Wandel die richtigen Schlüsse zu ziehen, um konkrete Produkte zu erfinden oder strategische Maßnahmen zu treffen, ist das andere. Letzteres steht im Zentrum der nun folgenden Realisierungsphase. Wie kommt man vom Trend zur Idee? Schaut man sich erfolgreiche Umsetzungen im Markt an, so wird man immer einen direkten Zusammenhang mit einem Megatrend finden, der im Hintergrund wirkt und den Ausgangspunkt bildet. Am konkreten Beispiel wird das deutlich. Sehen wir uns hierfür eine innovative Umsetzung in der Finanzbranche an, und zwar das Konzept »Q110 – Die Deutsche Bank der Zukunft« (www.q110.de). Es handelt sich dabei um eine neue Form der Bankfiliale mit Coffeeshop und Kinderbetreuung, die 2006 in Berlin eröffnete und mit dem Zukunftsaward ausgezeichnet wurde. Dieser Preis wird seit 2006 von einer interdisziplinären Jury aus Wirtschaft und Wissenschaft im Rahmen des Zukunftskongresses vergeben. Ausgezeichnet werden Geschäftsideen, die die relevanten Megatrends Globalisierung, Alterung, Gesundheit, Bildung, New Work, Mobilität, Frauen und Individualisierung in beispielhafter Weise umzusetzen wissen.

Zukunftstipp

Achten Sie darauf, dass Sie in einem Satz den Zusammenhang zwischen Megatrend und Idee erklären können. Sonst fehlt der Idee die nötige Power.

In den Ausschreibungsunterlagen müssen die Bewerber den Zusammenhang zwischen Trend und Idee hinreichend erklären. Im Falle des Preisträgers »Q 110« war die Argumentation folgendermaßen: »Aktuell vollziehen sich in Deutschland gravierende gesellschaftliche Veränderungen. Mehr denn je ist der Einzelne aufgefordert, sehr viel stärker Verantwortung für sich selbst und seine finanzielle Zukunft zu übernehmen. Gleichzeitig ändern sich die klassischen Beschäftigungslebensläufe der Menschen und werden zunehmend komplexer; Mobilität und Unabhängigkeit gewinnen an Bedeutung. Diese Entwicklungen erfordern neue Wege. Zwischen Bank und Kunde muss eine Beziehung entstehen, die von Nähe, Zugänglichkeit und Partnerschaft geprägt ist, größere Unabhängigkeit bietet und zudem den Wunsch nach Transparenz und Einfachheit erfüllt.«[39] Die größere Komplexität, die der Megatrend New Work für jeden Einzelnen bedeutet, will das neue Konzept gezielt berücksichtigen. Bankprodukte werden beispielsweise in käuflichen Boxen »begreifbar« gemacht, einfach und übersichtlich wie beim Einkauf im Supermarkt. Zum Aufbau eines besseren Vertrauensverhältnisses zwischen Bank und Kunde soll die Lounge-Atmopshäre beitragen. Der Tatsache, dass Männer und Frauen heute gleichermaßen berufstätig sind und Kinderbetreuung einen gravierenden Engpass im Alltag darstellt, begegnet man mit dem Kid's Corner. Dort kümmern sich ausgebildete Pädagogen um den Nachwuchs, währen man sich in Ruhe mit den verschiedenen Anlageoptionen beschäftigen kann. Es sind viele einzelne Maßnahmen, die im Zusammenspiel einer Bankfiliale ein völlig neues Gesicht geben und sowohl den Kunden wie Mitarbeitern neue Rollen zuweisen.

Schritt 2: Zukunftsfitness messen

Inwieweit das vorgestellte Konzept »Q 110« am Markt erfolgreich sein wird, hängt von vielen Parametern ab, etwa Wettbewerb und Kostenstruktur. Die Trendrelevanz ist jedoch eine ganz wesentliche Voraussetzung und sollte zunächst im Mittelpunkt stehen. Die Fragestellung, die über allen Konzepten stehen muss: Greift die Marktlösung einen Megatrend auf? Begegnet sie neuen Anforderungen, die aus den veränderten gesellschaftlichen Verhältnissen resultieren? Und natürlich: Ist die Idee neu oder variiert sie nur eine bereits vorhandene Lösung im Markt? Denken Sie immer daran: Imitation und Kopie bringen gar nichts. Ihre Kunden wollen Originale. Wie man differenzierende Ideen entwickelt, welche Tipps und Tricks es gibt, darauf geht das nächste Kapitel ein. Es stellt verschiedene Innovationsstrategien vor und bietet zugleich Instrumente an, bereits bestehende Ideen so zu verändern, dass aus einem vergleichbaren Konzept eine originäre Umsetzung wird. Oftmals sind der Ausgangspunkt, das formulierte Ziel und die Überlegungen richtig, doch es hapert an der Ausgestaltung der Idee. Dessen muss man sich jedoch zunächst einmal bewusst werden. Aus diesem Grund schließt dieses Kapitel mit einem Instrument zur Messung der Trendrelevanz beziehungsweise Zukunftsfitness von Konzepten und Produktinnovationen.

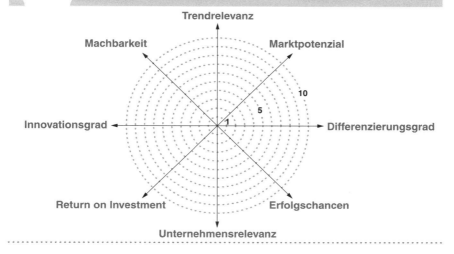

Abb. 23: **Zukunftsradar** – Arbeitsvorlage

So funktioniert der Zukunftsradar

Das in Abbildung 23 dargestellte Messmodul benennt auf seinen sternförmigen Achsen die wichtigsten Indikatoren für den Erfolg einer Geschäftsidee. Ganz oben, an erster Stelle, steht die Trendrelevanz, die wie die anderen Indikatoren auf einer Skala von 1 bis 10 beurteilt wird. Gemessen wird, wie stark die Idee einen gesellschaftlichen Trend aufgreift. Dem gegenüber steht die Unternehmens- beziehungsweise Markenrelevanz: Zahlt die Idee auf die jetzige oder künftige Positionierung beziehungsweise Strategie ein? Bringt die Idee das Unternehmen substanziell weiter oder handelt es sich um einen Irrpfad? Auf den querliegenden Achsen bewerten Sie auf der einen Seite den Innovationsgrad der Idee: Handelt es sich tatsächlich um etwas Neues, oder ist es nur alter Wein in neuen Schläuchen? Löst die Idee ein »Wow« aus, wenn Sie Ihrem Nachbarn davon erzählen? Wäre es für die Presse eine Neuigkeit, über die sie berichten würde? Auf der anderen Seite der Achse beurteilen Sie den Differenzierungsgrad der Idee im Wettbewerb. Insofern der Innovationsgrad hoch ist, müsste auch der Differenzierungsgrad eine hohe Punktzahl haben. Also: Heben Sie sich damit deutlich vom Wettbewerb ab? Womöglich ist dies jedoch nicht ausreichend, weil die Idee zu wenig Nutzen für Ihre Kunden hat, sodass man sich trotz hoher Originalität nicht besonders hervortut. Dann sollten Sie nach einer neuen Umsetzung suchen. Wenn Sie auf diesen vier Hauptachsen keine hohen Punktzahlen erreichen, also jenseits der 7, dann ist es Zeit für eine Nachbesserung oder Neukonzipierung.

Die weiteren Achsen des Messmoduls greifen zusätzliche Aspekte auf, die für die Umsetzung von Ideen entscheidend sind. Da ist zum einen die Machbarkeit: Lässt sich die Idee realisieren oder gibt es prinzipielle Hürden wie technische oder rechtliche Barrieren? Von dieser Beurteilung wird auch die Einschätzung des gegenüberliegenden Indikators abhängen. Wie hoch wird die Erfolgschance für die Umsetzung der Idee eingeschätzt? Welche Risiken sind zu berücksichtigen? Zu guter Letzt gilt es das Marktpotenzial zu beurteilen. Handelt es sich um eine dauerhafte Nische oder entwickelt sich hieraus der künftige Massenmarkt? Lässt sich das Geschäftsmodell im Sinne der *economies of scale* multiplizieren, oder ist es auf wenige Felder begrenzt?

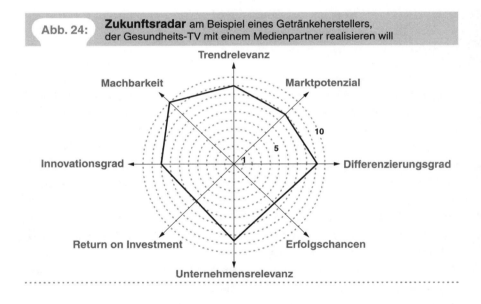

Abb. 24: **Zukunftsradar** am Beispiel eines Getränkeherstellers, der Gesundheits-TV mit einem Medienpartner realisieren will

Das Marktpotenzial hat je nach Zielrichtung eine unterschiedliche Relevanz. Auch das gilt es zu berücksichtigen. Wenn das primäre Ziel Imagebildung und Öffentlichkeit ist, mag es unbedeutend sein, ob man die Massen anspricht. Will man sofort sehr viel Geld verdienen, sieht die Einschätzung verständlicherweise anders aus. Allerdings können auch

Nischen sehr lukrativ sein, wenn die Margen entsprechend hoch sind. Hierauf geht der letzte Indikator im Messmodul ein, nämlich der Return on Investment. Wie viel Gewinn schätzt man für das eingesetzte Kapital zurückzubekommen? Wenn Sie all diese Fragen beantwortet haben, werden Sie eine gute Entscheidungsgrundlage haben, ob Sie in die operative Umsetzung gehen oder sich noch einmal zurückziehen, um Ihr Konzept zu überdenken.

Die Arbeit mit Trends erfordert sowohl intuitiv-kreative als auch rational-analytische Fertigkeiten. Das macht die geschilderte Herangehensweise so vielfältig und spannend. Trends berühren zudem nicht nur die berufliche, sondern immer auch die private Situation. Der Megatrend Frauen führt eben nicht allein im Unternehmen zu Veränderungen, sondern auch in der privaten Beziehung. Die umfassende Reichweite soziokultureller Trends bringt es mit sich, dass wir immer auch persönlich involviert sind. Die Auseinandersetzung mit gesellschaftlichen Veränderungen wird daher oft leidenschaftlich geführt. Wenn Sie dieses Involvement in Ihrem Team auf die unternehmerischen Fragestellungen lenken, können Sie stark davon profitieren. Trends werden dann zum Ausgangspunkt für Innovationen – der Wettbewerbsvorteil schlechthin in der Zukunft.

Kapitel 4

Von Trends zur Innovation

In diesem Kapitel geht es um die Wechselwirkung zwischen Trends und Märkten. Anhand von praktischen Unternehmensbeispielen werden wir Ihnen zeigen, mit welchen Geschäftsstrategien Sie in modernen Märkten punkten. Wir stellen neue Werkzeuge und Verfahren vor, die Ihnen helfen, die beschriebenen Strategien in die eigene Unternehmenspraxis umzusetzen.

Von Megatrends zu Markttreibern

Ziel innovativer Unternehmen ist es, immer wieder völlig neue Märkte zu erkennen und zu besetzen, in denen man für eine gewisse Zeit ohne Wettbewerbsdruck agieren kann. Die Arbeit mit Trends unterstützt diesen Innovationsprozess. Sie legt neue Marktpotenziale frei, indem sie den Blick öffnet für die zentralen Befindlichkeiten des modernen Menschen, sie rückt die Schnittstelle von Soziologie und Ökonomie in das Zentrum der Betrachtung. Machen Sie sich diese neue Perspektive zu eigen.

Die müden Märkte

Die herkömmlichen Märkte sind in die Jahre gekommen, sie schrumpfen. Marken werden immer ähnlicher und verlieren an Attraktivität, materieller Wohlstand und Glück haben sich längst entkoppelt. Laut einer Umfrage, die von Emnid für das Zukunftsinstitut im April 2004 durchgeführt wurde, begreifen nur noch 38 Prozent aller Deutschen »lustvolles Konsumieren« als Teil ihrer Freizeit. Sinkende Produktionskosten sorgen für ein Abrutschen von Luxusgütern, sie werden zu Commodities, zu Alltäglichkeiten. Mobile Kommunikation zum Beispiel war noch vor 25 Jahren ein Privileg der Mächtigen und Einflussreichen, für Helden wie James Bond. Das 1961er Autotelefon von TeKaDe war so groß wie ein Pilotenkoffer und schwer wie ein Fernsehgerät. Es gab 11 000 Nutzer und handvermittelte Verbindungen. Heute erodiert die Demokratisierung des Luxus die Premiummärkte von unten.

Die Märkte der Industrienationen werden immer enger und es wird mit harten Bandagen gekämpft: Alle Wettbewerber einer Branche schlagen sich um die gleichen Kundengruppen, um den niedrigsten Preis und um Marktanteile. Werbestrategen wetteifern um die Aufmerksamkeit der genervten Kunden mit »noch blöder«, »noch geizgeiler« oder »noch himmlischer«!

Treibende Kräfte im Hintergrund

Megatrends drücken den Märkten ihren Stempel auf. Die »Silberne Revolution« hat den Reisemarkt umdefiniert, der Megatrend Frauen hat die Position der französischen Autobauer im deutschen Markt messbar verbessert, der Megatrend Mobilität hat aus PCs Laptops gemacht und aus dem klassischen Kännchen Kaffee den »coffee to go«, den Kaffeebecher von Starbucks zum Mitnehmen. Allein durch die Berücksichtigung dieser Entwicklungen gelangt man zu Innovationsfeldern. Doch unsere These ist weitergehend: Durch das Zusammenspiel der Megatrends entstehen einige wenige »Markttreiber«, die den Kern zukunftsorientierter Geschäftsstrategien bilden.

Die treibenden Kräfte moderner Märkte sind:

1. Die totale Transparenz von Angeboten und Preisen: Durch das Internet ist die globale Vielfalt der Warenwelt, der Zugang zu Services jeder Art und der aktuelle Preisvergleich nur einige Mausklicks entfernt. Kein Preis kann sich mehr verstecken. Die Megatrends Digitalisierung und Globalisierung unterfüttern diese Entwicklung.
2. Die wachsende Macht der Konsumenten: Der smarte Konsument weiß Bescheid, und dieses Wissen macht ihn frei. Der altbekannte »hybride« Konsument ist nicht nur vermessen, sondern auch multioptional. Nach Lust und Laune wechselt er oder sie Marken, Geschäfte und springt zwischen virtueller und realer Shoppingwelt. Hier dringt der Megatrend

Individualisierung nach oben. Der individualistische Kunde wird immer resistenter gegen die Verführungsmechanismen des Marketings, er sucht das Produkt, das seinen individuellen Bedürfnissen und Einstellungen am ehesten entspricht und er beschafft es zu den bestmöglichen Konditionen.
3. Die zunehmende Komplexität des Lebens: In immer kürzeren Abständen ändern Menschen ihre privaten oder beruflichen Lebensumstände. Sie sind verheiratet, geschieden, die allein erziehende Mutter kehrt zurück in den Schoß ihrer Familie, weil sie sonst den Spagat zwischen Kind und Job überhaupt nicht mehr bewältigen kann. Immer mehr Pendler und LAT-Haushalte (Living-Apart-Together) lassen die Wochenendfamilie boomen. Zeit wird zur knappen Ressource. Dahinter liegen die weit verzweigten Auswirkungen der Megatrends Individualisierung, Frauen und Mobilität.
4. Die Aufsteigermärkte, die durch das Wirtschaftswachstum einstiger Schwellenländer entstanden sind, definieren Konsum auf ihre spezifische Art und Weise. Auf globaler Ebene formiert sich so ein riesiges Kundenpotenzial mit enormen Konsumbedürfnissen und nur minimalen Mitteln, diese zu befriedigen. Der Megatrend Globalisierung ist die Basis, auf der sich diese Entwicklung vollzieht, die Digitalisierung ist ihr zentraler »Ermöglicher«.
5. Die unaufhaltsame Individualisierung aller Märkte: Jeder Konsument, jeder Businesskunde erwartet die speziell auf ihn zugeschnittene Lösung. So entstehen Werkzeugkästen speziell für Frauen und geräuschgedämmte Bierkästen mit weichem Griff speziell für ältere Menschen. Nicht nur der nahe liegende Megatrend Individualisierung, sondern auch die Megatrends Silberne Revolution, Frauen, Gesundheit und Nachhaltigkeit unterstützen diese mächtige Marktkraft.
6. Und genau durch diese unaufhaltsame Individualisierung entsteht eine überbordende Komplexität der Märkte durch eine Überfülle an Produkten, Dienstleistungen und Distributionskanälen und durch die Parallelität von virtueller und realer Welt.

Es sind diese Herausforderungen – und natürlich noch einige andere –, die den Entrepreneur von heute umtreiben. Den einen stürzen sie in tiefe Depression und hektischen Aktionismus, den anderen beflügeln sie zu neuen Ideen und Geschäftsmodellen.

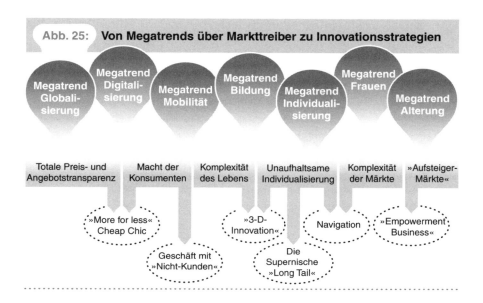

Schlüsselstrategien für die Märkte der Zukunft

Im Folgenden lernen Sie fünf Strategien kennen, die zeigen, wie man als Anbieter erfolgreich mit den treibenden Kräften moderner Märkte umgehen kann. Ausgangspunkt unserer Überlegung ist nicht die klassische Denke der Betriebswirtschaft oder die Optimierung im Sinne von Branchen-Benchmarks, unser Ausgangspunkt sind die Megatrends des 21. Jahrhunderts.

Innovationsstrategie 1: »More for less« – eine smarte Antwort auf die totale Transparenz der Märkte

Angebots- und Preistransparenz waren noch nie so hoch wie heute. Dem Kaufakt wird immer häufiger ein Check im Internet vorgeschaltet, und das über alle Produktgruppen hinweg. Je vergleichbarer ein Produkt, umso lieber wird verglichen. So werden aus Kunden Schnäppchenjäger und aus Märkten Basare. Die Preisorientierung in Europa schlägt die Qualität aus dem Feld – und Deutschland ist ganz vorne dabei. Der so erzielbare »billigste Deal« kostet nichts – außer wenigen Sekunden und im Höchstfall eine Sehnenscheidenentzündung im rechten Arm. Die Mausklicks haben das machtpolitische Gleichgewicht des Marktes massiv zu Gunsten der Konsumenten verschoben. Auf den Warenmärkten vernehmen wir immer lauter den neuen Schlachtruf der befreiten Konsumenten: »Liberté, Egalité, Portemonnaie!«

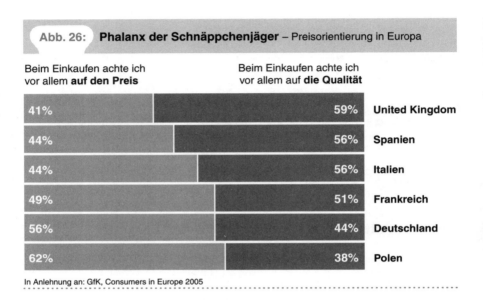

Abb. 26: **Phalanx der Schnäppchenjäger** – Preisorientierung in Europa

Beim Einkaufen achte ich vor allem **auf den Preis**	Beim Einkaufen achte ich vor allem auf **die Qualität**	
41%	59%	United Kingdom
44%	56%	Spanien
44%	56%	Italien
49%	51%	Frankreich
56%	44%	Deutschland
62%	38%	Polen

In Anlehnung an: GfK, Consumers in Europe 2005

Das kennt man: »Less for less« – weniger Leistung für weniger Geld

Im Discountbereich kann man gut verdienen. Eine Erfolgsstrategie heißt »less for less«: Der Kunde zahlt weniger, dafür bekommt er aber auch weniger. Eine Marktstrategie wie sie zum Beispiel der Billigfluganbieter Ryanair anwendet, dessen Credo lautet: Lasse den Kunden für alles, was nicht zur Kernleistung gehört, zahlen. Jedes Gepäckstück kostet, jedes Getränk im Flieger und jeder Snack, und nachdem ein Passagier gegen die Erhebung einer Rollstuhlgebühr geklagt hatte, wurde sogar auf jedes Ticket eine Rollstuhlabgabe erhoben. Die Easy-Familie (Easy Jet, Easy Car, Easy Cruise, und so weiter) lässt den Kunden eher arbeiten, der Mietwagen bei Easy Car muss bei Abgabe nicht nur voll getankt, sondern auch gereinigt sein und der Easy Cruise-Kunde putzt selbst in den Schiffskajüten zum Powerpreis.

Wenn »Geiz ist geil« zur Sackgasse wird

Wenn allerdings der Preis Ihr alleiniges Unterscheidungsmerkmal ist, laufen Sie als Anbieter mit der »Less for less«-Strategie in eine Falle. Unter dem Druck des Wettbewerbs sinkt schnell die Qualität. Ganz deutlich ist das momentan in der Bekleidungs- und Elektronikindustrie zu beobachten, auch der »Gammelfleisch-Skandal« rührte daher. Manche Produkte verkommen zum Sondermüll, sobald man sie über die Türschwelle getragen hat. Die ewig nach unten gerichtete Preisspirale endet irgendwann im Schrott, Ökonomen nennen dieses Phänomen »Trash-Markets«.

Das lassen sich selbst geizgeile Konsumenten auf Dauer nicht bieten. In ihrer Unzufriedenheit erweist sich das Internet als nützliches Werkzeug, als Plattform, um sich Luft zu machen. In den USA ist aus dem Kunden-Feedback im Internet schon ein veritabler Wirtschaftszweig entstanden. Unternehmen wie Intelliseek greifen die Kundenmeinungen ab, generieren daraus Marketingwissen und leiten es an den passenden Anbieter weiter. Unternehmen wie General Electric, Procter & Gamble, Pepsi, Ford und Nokia stehen bereits auf der Kundenliste. BlogPulse.com, die jüngste Tochter von Intelliseek, arbeitet bereits mit 11 Millionen Kundenblogs. In diesem manifesten Unmut der Kunden zeigt sich eines: »Geiz ist geil« hat auch das Potenzial zur Zukunftssackgasse.

Zukunftstipp

»Liberté, Egalité, Portemonnaie!« – begegnen Sie diesem Kampfruf des Konsumenten offensiv. Weichen Sie ab vom Herkömmlichen. Eine klare Positionierung im Discount- oder Premiummarkt war gestern. Suchen Sie sich einen neuen Marktplatz: »More for less« – die neue Mitte.

Alessi macht es vor – ein Pionier des »more for less«

Die smarten Konsumenten wollen billig, aber nicht schlecht. Und hier setzt eine andere Strategie an, die des »more for less«, also mehr Leistung für weniger Geld, wir nennen das »Cheap Chic«. Michael Graves, der Designer des pfeifenden Kult-Teekessels von Alessi und des Ellington Lounge Chairs ist einer der Pioniere dieser Strategie. In den 90er Jahren war gutes Design eine Frage des Geldbeutels. Und dann kam das nervtötende Küchenwunder von Alessi, Sie erinnern sich? Mit einem Verkaufspreis von 130 Euro war der Pfeiffkessel zwar eindeutig im Premiumbereich der Wasserkessel angesiedelt – falls es so etwas gibt –, doch vor Alessi gab es solche originellen Stücke nur in völlig anderen Preiskategorien. Mit der mutigen Idee, pfiffiges Design zum erschwinglichen Preis für die amerikanischen Target Stores anzubieten, hat Graves eine Pionierleistung zur Demokratisierung des Designs vollbracht. Von nun an war »Chic« auch für den kleinen Geldbeutel zu haben.

»Cheap Chic« erobert die Märkte

Heute macht »Cheap Chic« Märkte. *Budget Living*, ein englisches Hochglanzmagazin, ist das publizistische Kondensat dieser Entwicklung. Die Devise des Blattes lautet »Spend smart. Live rich.«, also wenig ausgeben und gut dabei leben. Die Eckdaten der Leserschaft lässt Mediaherzen höher schlagen: Das Durchschnittsalter der Leser liegt bei 25 bis 44 Jahren, das Haushaltseinkommen pendelt um die 70 000 US-Dollar, 90 Prozent der Leser sind Hochschulabgänger.

In den letzten Jahren sind große Namen auf den »Cheap Chic«-Zug aufgesprungen:

- Die Kollektion von Karl Lagerfeld für H & M im November 2004 war ein unglaublicher Markterfolg. Bis heute setzt H & M das Prinzip mit einer Reihe namhafter Designer fort.
- Im Tourismusbereich boomt der preiswerte Chic. Von Interconti, über Motel One bis zu mancher deutschen Jugendherberge – überall findet der Reisende gutes Design und smarte Services zum Kampfpreis.
- Sogar Apple schwimmt flussabwärts. Bislang basierte die Firmenstrategie darauf, maximale Profite mit Premiumprodukten zu erzielen. Die Apple-Klientel besteht hauptsächlich aus Kreativen, die durch cooles Design angelockt werden. Dafür greifen sie tief in die Tasche. Ein Profisystem mit 30-Zoll-Bildschirm und entsprechender Grafikkarte wird um die 8 000 Euro gehandelt. Der Mac Mini dagegen wechselt schon für dreistellige Euro-Beträge den Besitzer. Die gleiche Strategie wurde beim Music Player iPod eingesetzt. Mit dem iPod hat Apple den Markt für Musik-Downloads umgekrempelt. Fast unendlicher Zugang zu Musiktiteln über iTunes, durchdachte Benutzerfreundlichkeit und Highend-Design – 60 Millionen verkaufte Einheiten sprechen eine klare Sprache. Aber 300 Euro ist ein Preis, der den Nutzerkreis nach unten klar limi-

tiert. Mit dem iPod Shuffle für deutlich unter 100 Euro bietet Apple »Cheap Chic« und geht in das untere Segment des Marktes. Auch hier gibt es dann edles Design zum kleinen Preis.

Zukunftstipp

Das sollten Sie bedenken: »Cheap Chic« wird die Discount- und die Luxusmärkte der Zukunft total umkrempeln. Der hybride Konsument, der seinen Konsum völlig respekt- und schamlos aus verschiedenen Preissegmenten deckt, kann der Mischung aus Niedrigpreis, Design und Modernität nicht widerstehen.

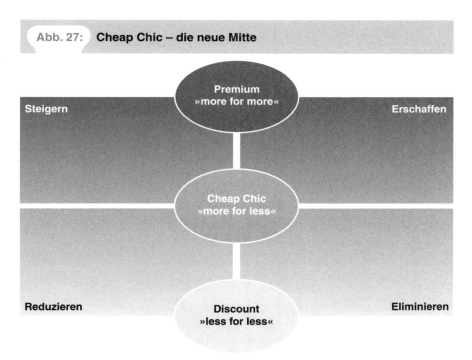

Abb. 27: Cheap Chic – die neue Mitte

In Anlehnung an: W. Chan Kim/Renée Mauborgne, Blue Ocean Strategy 2005

Sich in der neuen Mitte positionieren

Traditionell verfolgen Unternehmen bei ihrer strategischen Positionierung zwei klar voneinander abgegrenzte Strategien:

- Entweder sie sind »Premium«, dann bieten sie mehr als andere, »more for more«. Sie steigern Ihr Angebot über den Branchenstandard hinaus oder sie erschaffen sogar Komponenten, die noch kein Wettbewerber angeboten hat, zum Beispiel eine sonnenstandabhängige Mehrzonen-Klimaanlagen in einer Luxuslimousine. Das führt notwendigerweise zum Anstieg der Kosten und damit der Preise. In der Folge tummeln sich immer mehr Anbieter im Premiumsegment der Märkte, wo es inzwischen ziemlich eng geworden ist.
- Andere Unternehmen sind »Discount« und spezialisieren sich auf das Weglassen, »less for less«. Zu den potenziellen Sackgassen siehe oben.
- Innovative Unternehmen sind anders. Sie verbinden ein Mehr an Leistung mit der Kunst der Reduktion und zwar in einer Weise, die nicht zu Lasten des Kunden geht. Sie bieten »Cheap-Chic«, also »more for less«.

Best Practice

Eine Erfolgsstory zwischen Premium und Discount

Genau das, ein Mehr an Leistung, kombiniert mit der Kunst der Reduktion, ist die Strategie von Trader Joe's. Trader Joe's ist eine amerikanische Supermarktkette für Lebensmittel im Discountbereich. Aber Trader Joe's ist erfrischend anders. Schon der Internetauftritt mit einem Seefahrermotiv assoziiert weder Aldi noch Penny. Trader Joe's hat eine Geschichte, die an den alten Kolonialwarenhändler erinnert. Die Kette bietet Produkte aus aller Welt, aber alle mit einem gewissen Etwas: koscher, bio, vegetarisch oder einfach nur exotisch. In den Märkten erklingt sanfte Aloha-Musik, die Mitarbeiter tragen bunte Hawaii-Hemden. Trader Joe's bietet »more for less«, und so sieht das Geschäftsmodell aus:

- Trader Joe's hat auf der einen Seite üppig zugelegt, eigentlich eine Premiumstrategie. In den Supermärkten spürt der Kunde familiären Charme und Atmosphäre, Exotik und Exklusivität im Sortiment, es gibt koschere Salami, hautfreundliches Soja-Duschgel oder deutschen Jägermeister. Viele Produkte gibt es exklusiv bei Trader Joe's. Das Thema »Gesundheit« wird immer stärker ausgebaut, wenige Zusätze, fettreduzierte Produkte und bio.
- Der Kunde wird ausgiebig informiert (ein Prinzip, mit dem Manufaktum seit Jahren im Premiumbereich punktet). Auf kleinen, witzigen Zetteln am Regal

kann der Kunde nachlesen, woher das Produkt kommt und was das Besondere daran ist. Der »Fearless Flyer«, ein Faltblatt, das im Laden oder online erhältlich ist, ist das krasse Gegenstück zu den langweiligen Schweinebauch-Sonderangebotsbeilagen in unseren Tageszeitungen. Witzige Cartoons im Stil des Hauses, internationale Trendrezepte, Schwerpunkt asiatisch, mexikanisch und italienisch, dazu Ernährungstipps bis hin zu »Multivitamin für Hunde«.

- Auf der anderen Seite fährt Trader Joe's knallharte Discountstrategien, spielt meisterlich mit der Kunst des Reduzierens. Das Sortiment ist mit 3 000 Artikeln winzig, vor allem im US-Maßstab, wo eher 35 000 Artikel die Norm sind (zum Vergleich: das Aldi-Sortiment in Deutschland umfasst 500 bis 700 Artikel). Marken werden im großen Stil ersetzt durch Eigenmarken – ihr Anteil liegt bei circa 75 Prozent –, und die werden direkt vom Hersteller bezogen. Und einiges wurde völlig eliminiert: Kundenkarten, Rabatte und Aktionen.

Das Ergebnis ist »more for less«, mehr Leistung zum Kampfpreis. Trader Joe's wurde 1967 gegründet und hat heute über 140 Filialen mit einer Durchschnittsgröße von 1 500 m². Das Unternehmen erwirtschaftet mit seinen 7 500 Mitarbeitern doppelt so viel Umsatz pro Fläche wie ein durchschnittlicher Supermarkt, etwas über 4 Milliarden US-Dollar, und ist profitabel. Genaueres weiß man allerdings nicht. Warum? Seit 1979 gehört Trader Joe's zu Aldi Nord und aus diesem Hause ist Verschwiegenheit bekannt.

Machen Sie es wie Trader Joe's

»More for less« ist eine Strategie für Märkte, in denen sich kein Preis mehr verstecken kann. Die Antwort auf die totale Transparenz von Angeboten und Preisen lautet: die Leistung dort erweitern, wo der Kunde hoch sensibel ist, und dort radikal kürzen, wo es für den Kunden keine oder wenig Bedeutung hat. Man braucht dazu Trendwissen und Einfühlungsvermögen für das, was der Kunde wirklich will, moderne Informationstechnologie für Effizienz und den Mut, Leistungen, die zum traditionellen Branchenstandard gehören, einfach auch einmal wegzulassen.

Abb. 28: Trader Joe's »Cheap Chic Strategie«

In Anlehnung an: W. Chan Kim/Renée Mauborgne, Blue Ocean Strategy 2005

Praxis-Check

»More for less« – so gehen Sie vor:

Schritt 1: Stellen Sie die Trendaffinität Ihrer klassischen Kundengruppen fest. Welche Megatrends wirken sich besonders stark in Ihrem Kundenuniversum aus? Versuchen Sie die Auswirkungen möglichst kurz und knapp zu beschreiben.

Welche Konsumententrends sind bei Ihren Kunden oder auch in Ihrer Branche besonders deutlich spürbar?

Schritt 2: Überprüfen Sie die Möglichkeiten einer neuen Positionierung. Für die »More for less«-Positionierung sind nun vier Kernfragen entscheidend. Diese Kernfragen sind:

- Welche Leistungen können Sie steigern?
- Welche Leistungen können Sie erschaffen?
- Welche Leistungen können Sie reduzieren?

- Welche Leistungen können Sie eliminieren?

Das Entscheidende an dieser Stelle ist, dass die von Ihnen in Schritt 1 ausgewählten Megatrends und Konsumententrends den Zielkorridor vorgeben.
Schritt 3: Welche Leistungen können Sie reduzieren und eliminieren, um mehr Leistung zu einem günstigen Preis anzubieten?
Nutzen Sie dazu Abbildung 27 und arbeiten Sie analog dem Beispiel von Trader Joe's.
Es sei angemerkt: Der Schwerpunkt unserer Tipps liegt auf einfach umsetzbaren Vorgehensweisen, die allerdings eine weitergehende quantitative Analyse nicht ersetzen können. Es erweist sich in der Praxis häufig als vorteilhaft, wenn man zuerst mit qualitativen Methoden, mit Einschätzungen und Meinungen arbeitet, weil das den Horizont deutlich erweitert.

Innovationsstrategie 2: Geschäft mit »Nicht-Kunden« – eine ungewöhnliche Antwort auf die wachsende Macht der Konsumenten

Wir wissen aus unzähligen Publikationen, dass die Gewinnung von Neukunden extrem teuer ist. Deshalb wird viel Hirn und noch mehr Geld in die Pflege von bestehenden Kundenbeziehungen investiert. Mit bescheidenem Erfolg. Der Kunde 2.0 ist konsummüde, seine wachsende Marktmacht übersetzt sich in Flüchtigkeit und schwindende Loyalität. Deshalb erlangt der Nicht-Kunde neue Popularität. Die Schlüsselfrage, die Sie sich stellen sollten, wenn Sie die Annäherung an den Nicht-Kunden suchen, lautet: Warum eigentlich kauft er mein Produkt oder meine Dienstleistung *nicht*?

Starbucks – Kaffeegenuss ohne Damenkränzchen

Warum gingen beispielsweise erfolgreiche junge Business-Nomaden mit ihren Laptops, shopping-müde Prada-Käuferinnen und iPod-Hörer früher nicht in Cafés, obwohl sie guten Kaffee und verführerischen Kuchen eigentlich mögen? Weil sie diese Cafés nicht mochten. Weil traditionelle Cafés zumeist Orte für Damenkränzchen sind, mit Spitzendecken, Blümchentassen und Bedienungen der gleichen Alterskohorte, ganz in Schwarz-Weiß mit beinschmeichelnden Gesundheitsschuhen bis zum Knöchel. Starbucks und Konsorten schufen Abhilfe und erschlossen eine neue Café-Klientel. Sie setzten auf Trends wie »Cocooning«, die Suche nach der heimeligen Gemeinschaft, und »Work-Life-Intergration«, der immer stärkeren Verzahnung von Arbeit und Freizeit, und destillierten die Philosophie des »Third Place« aus ihnen heraus. Mit dem Konzept Starbucks entsand ein »Dritter Ort« zwischen Arbeit und zu Hause, ein Ort zum Wohlfühlen, in Gemeinschaft oder allein. Der Kunde kann reden, seinen iPod-mit neuen Titeln bestücken oder im Internet surfen und seine Mails abarbeiten.

Zukunftstipp

Befreien Sie sich von dem Gedanken, Kundenbindung funktioniere nur über »Leistung Plus«. Denken Sie auch einmal darüber nach, was potenzielle Kunden davon abhält, Ihr Produkt zu kaufen oder Ihre Dienstleistung zu nutzen. Kommen Sie den Widerständen und Vorbehalten des Konsumenten auf die Spur und bauen Sie diese einfach ab.

Von Weinliebhabern und Biertrinkern

Warum trinken Millionen von Menschen lieber Bier als Wein? Weil es einfacher ist. Traditionell ist Weinkonsum eine Angelegenheit für Connaisseure. Da zählen Jahrgänge, Lagen, Alterungspotenzial und Reben, Tanningehalt, alte Eichenfässer und die Ausbauphilosophie des jeweiligen Winzers. All dies dargeboten im Önologen-Jargon; der vorherige Besuch eines Weinseminars ist obligatorisch. Schon das Etikett der meisten Spitzenweine ist einschüchternd und birgt Geheimnisse, die sich erst beim Öffnen der Flasche erschließen, einem Zeitpunkt, der zuweilen Jahre nach dem eigentlichen Kauf liegt. So entsteht ein komplizierter Markt, der es dem unbeleckten Weintrinker schwer macht.

Werner Tiki Küstenmachers und Lothar J. Seiwerts Buch *Simplify your life* ist ein Verkaufshit. Vereinfachung ist einer der zentralen Konsumententrends unserer Zeit, sogar beim Wein. Wie man mit einer großen Portion »Simplify«, einem Schuss Emotionalität und guter Laune sowie einem Händchen für modernes Design den Weinmarkt aufmischen kann, zeigt Casella Wines, ein australischer Weinproduzent: Yellow Tail – ein Wein für Biertrinker.

Die Familie Casella stellt seit 1820 Wein her, zuerst in Italien, seit 1965 in Australien. Richtig erfolgreich aber wurde Casella erst mit der Jahrtausendwende, und zwar durch seinen US-Exportschlager »Yellow Tail«, einem Wein, der inzwischen auch in Kanada, Europa, Asien und seit 2003 auch im Heimatland Australien vermarktet wird. Doch alles begann in den USA. Der amerikanische Weinmarkt der späten 90er Jahre war stark fragmentiert und hart umkämpft. 6 500 Marken buhlten um die Gunst der Weintrinker, nur wenige brachten es zu signifikanten Umsätzen. Und Wein wurde zusehends teurer, denn »barrique«, der leichte Vanille-Geschmack durch die Reifung im Eichenfass, gewann zunehmend an Popularität. Aber Eichenfässer verlieren ihre Geschmacksstoffe über die Zeit und müssen ersetzt werden. Ein kostspieliger Prozess, der die Preise für einen vernünftigen Wein auf über 9 oder 10 US-Dollar hochtrieb. Auf der Preisseite gab es damit den Billigwein bis zu ungefähr 5 US-Dollar, dann eine Lücke, dann die Flaschen zu 8 bis 10 US-Dollar, gefolgt vom Premiumsegment. Casella visierte die klaffende Preislücke an und eine Kundschaft ohne nennenswerte Weinexpertise. Mit Yellow Tail hat Casella einen Wein für »Nicht-Weintrinker« auf den Markt gebracht.

Einfachheit bildlich umgesetzt

Während ein klassischer Weinanbieter im mittleren Preissegment versucht, sich darzustellen, als wäre er ein kleiner Chateaux Lafitte, tritt Yellow Tail radikal anders auf: Der Schriftzug in Kleinbuchstaben und in einer eckigen Klammer assoziiert eher Internet als Weinbautradition. Auf dem Etikett finden sich weder Reben noch Schloss, sondern ein fröhlich hüpfendes Känguru. Und weiter ist dort nichts zu sehen, außer der Rebe, Shiraz, Merlot, Chardonnay oder anderes. Selbstverständlich ist das Etikett auf englisch, was so manchem nicht-frankofonen Konsument das Leben spürbar erleichtert. Ganze zehn Geschmacksvarianten stehen zur Verfügung; damit wird der Entscheidungsstress deutlich reduziert. Im Internet gibt es zu jeder Flasche eine praktische »Gebrauchsanweisung«, den Merlot zur Lammkeule oder zum Fleisch-BBQ, den Chardonnay zu hellem Fleisch oder Zucchini-Salat. Das Rezept wird gleich mitgeliefert. Basta.

Yellow Tail schmeckt immer gleich, notfalls wird mit industriellen Methoden nachgeholfen. Und er ist zum sofortigen Verzehr geeignet – für den richtigen Kunden sind auch das nur Vorteile: sofortiger Genuss plus zuverlässiger Geschmack. Den Wein nur jung zu verkaufen, übersetzt sich für Casella in geringere Kapitalbindung und schnelleren Return on Investment.

Juraxx macht es vor – Rechtsberatung so unkompliziert
wie ein Friseurtermin

Auch für Wissensarbeiter in freien Berufen lohnt es sich, die Widerstände und Vorbehalte der Nicht-Kunden genauer unter die Lupe zu nehmen. Warum ziehen nicht alle Menschen, wenn sie sich unrecht behandelt fühlen, einen Rechtsanwalt zu Rate? Weil viele Anwaltspraxen schon von außen teuer aussehen und häufig abseits der Stadtkerne liegen, weil die Kosten unklar und Termine rar sind. Bei Juraxx, dem Rechtsberatungsfilialist, werden traditionelle Beratungshürden der Branche beseitigt. Hier funktioniert juristischer Beistand wie ein Friseurtermin – er kostet nur weniger. In den stadtnahen, freundlichen Büros wird juristische Erstberatung angeboten, ohne Termin und zum Fixpreis. Wenn man warten muss, gibt es einen Kaffee und eine Spielecke für die Kinder. Die kundennahe Werbebotschaft »kompetente Unterstützung für eine immer komplexere Wirklichkeit« trifft viele Kunden mitten in ihrem Lebensgefühl. Auch hier werden gute Geschäfte mit Nicht-Kunden gemacht – und als Partner konnte die DATEV gewonnen werden.

Praxis-Check

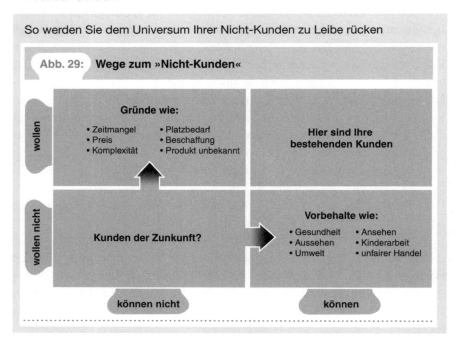

Geschäft mit »Nicht-Kunden« – So gehen Sie vor

Schritt 1: Die Ursachen verstehen: Es gibt Menschen, die Ihr Produkt oder Ihre Dienstleistung nutzen wollen, sie *können* es aber nicht. Ihr Angebot ist zu teuer, zu zeitaufwändig, zu schwierig zu handhaben, schwer zu bekommen, es benötigt zu viel Platz, ist zu laut… Verstehen Sie, warum potenzielle Kunden Ihr Angebot nicht nutzen können und tragen Sie die Ursachen in Abbildung 31 ein.

Schritt 2: Die Vorbehalte sammeln: Es gibt andere Menschen, die ihr Produkt oder ihre Dienstleistung nutzen können, aber sie *wollen* es nicht. Hier kommen Ihnen wieder die Megatrends und ihre Auswirkungen zu Hilfe. Ist Ihr Angebot nicht »gesund« genug? Zu wenig mobil? Treffen Sie das Lebensgefühl und die Unterschiedlichkeit der »Neuen Oldies« etwa nicht? Holen Sie die weibliche Klientel in ihrer neuen Lebenskomplexität nicht ab? Oder drückt Ihr Angebot zu viel Standard und zu wenig Individualität aus? Sammeln Sie all die Vorbehalte potenzieller Kunden und tragen Sie diese in die Grafik ein. Bei den Menschen, die man der Gruppe derer, die »weder können noch wollen« oft vorschnell zuordnet, ist Vorsicht geboten. Oft verstecken sich hier die Kunden der Zukunft.

Schritt 3: Das Potenzial einschätzen: Schätzen Sie ein, hinter welchen Vorbehalten und Ursachen das größte Kundenpotenzial verborgen ist.

Schritt 4: Innovationen entwickeln: Denken Sie an diesen Punkten weiter und formulieren Sie erste Ideen.

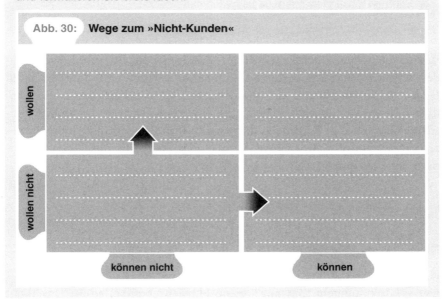

Abb. 30: **Wege zum »Nicht-Kunden«**

Innovationsstrategie 3: Die »3-D-Innovation« – Ausdruck einer neuen Unternehmenslogik

Die alte Unternehmenslogik läuft ins Leere. Traditionell bemühten sich Unternehmen darum, die Qualität ihres Produktes oder ihrer Dienstleistung zu optimieren, um die Kunden von ihrer Leistungsstärke zu überzeugen. Doch wie man heute weiß, mehren technische Spitzenentwicklungen zwar häufig Ruhm und Ehre der internen F&E-Abteilungen, aber nicht notwendigerweise die Kundenzufriedenheit. Man erinnere sich an die Startschwierigkeiten bei der Einführung des iDrive-Systems von BMW: Das raffinierte Eingabesystem für den Bordcomputer führte in seiner Anfangsphase zu massiver Irritation der Kunden. Dieses Phänomen hat Pip Coburn, von 1999 bis 2005 Technologie-Stratege bei der Investmentbank UBS, erforscht und er siedelt die Floprate technischer Produkte zwischen 75 und 95 Prozent an.[40]

Zukunftstipp

Denken Sie aus Kundensicht und schlagen Sie zwei Fliegen mit einer Klappe:

- Machen Sie es dem Kunden leichter und angenehmer.
- Eröffnen Sie sich selbst neue Innovationsräume.

Wollen Sie in dem »feindlichen Klima« gesättigter Märkte und konsummüder, lebensqualitätorientierter Konsumenten reüssieren, sollten Sie Ihren Fokus viel deutlicher auf den Kunden ausrichten: darauf, wie er das Produkt nutzt, was seine rationalen Kaufkriterien und seine verborgenen Sehnsüchte sind. Das im Folgenden dargestellte Konzept der »3-D-Innovation« zeigt Ihnen in drei Schritten, wie Sie sich dieser Betrachtungsweise systematisch nähern können.

In drei Schritten zur 3-D-Innovation

Dimension eins: die Perspektive des Kunden

Häufig verlieren Anbieter das Gespür dafür, wie ein Kunde mit dem eigenen Produkt umgeht und auf welche Hürden er dabei stößt. Das fängt schon beim Essen eines Apfels an. Selbstverständlich kann man am Frankfurter Flughafen einen Apfel kaufen, aber essen kann man ihn noch lange nicht, denn er ist zwar teuer, aber ungewaschen. Ein Lebensmittelmarkt am Münchner Flughafen ist da schon weiter. Direkt neben der Obstabteilung findet man ein sauberes Waschbecken plus Trockentücher. Das ist der praktische Unterschied zwischen Produktorientierung und der Orientierung an einer möglichst positiven Kundenerfahrung.

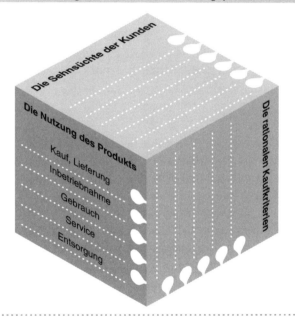

Abb. 31: 3-D-Innovation - der Erfahrungsraum und die Berührungspunkte des Kunden

Wenn Sie die Perspektive Ihres Kunden einnehmen, entstehen folgende »Berührungspunkte« mit einem Produkt oder einer Dienstleistung: Es beginnt mit dem Kauf und der Lieferung, danach folgt die Inbetriebnahme, danach der tatsächliche Gebrauch. Über die gesamte Nutzungsdauer hinweg wird irgendwann Service benötigt und am Ende steht die Entsorgung.

So machen es Trendwinner

Amazon – beim Kauf schon die »Entsorgung« im Blick

Amazon, der Online-Anbieter von Büchern, DVDs und Elektronik, nimmt die Unsicherheit aus der Online-Buchbestellung. Das Feature »read inside books« ermöglicht es, online im Volltext der Bücher zu stöbern. Der Kunde simuliert den Gebrauch, während er noch in der Kaufphase ist. Zudem koppelt Amazon den Kauf gleich mit der »Entsorgungsfrage«. Als Amazon-Buchkunde bekommt man beim Login sofort einen Hinweis zum geschätzten Weiterverkaufswert der bereits angeschafften Waren, wird dann automatisch zur Weiterverkaufsseite geleitet, wo die eigenen Käufe sauber aufgelistet sind. Vielleicht warten dort schon Käufer auf die Verkaufsfreigabe. Für den Kunden heißt das mehr Kaufsicherheit und eine Relativierung des Kaufpreises durch die Möglichkeit des Weiterverkaufs.

Heineken – Bier plus »Haltbarkeit«

Mit seinem Zapfgerät plus Vier-Liter-Bierfässchen für den Premium-Biergenuss zu Hause hat Heineken sein Angebot in die Gebrauchsphase des Kunden hinein erweitert. Nach dem Anstich bleibt das Bier 21 Tage frisch, da das Bierfässchen gleichzeitig ein Kühlschrank ist, der für angenehm kühle fünf Grad Biertemperatur sorgt. Die Fässchen funktionieren mit Luftdruck und halten so das Gerät völlig wartungsfrei. Für den Biertrinker bietet das Fässchen drei Wochen stilvollen Biergenuss, für Heineken birgt es ein größeres Umsatzpotenzial.

Sandoz – weiterdenken statt kopieren

Seit 2004 tritt der Generikabereich des Pharmariesen Novartis weltweit unter dem Namen Sandoz auf. Aus der Marketingperspektive betrachtet hat der Generikamarkt eine unangenehme Eigenschaft: seine Produkte sind charakterisiert durch völlige Austauschbarkeit. Nach dem Auslauf des Patentschutzes eines Originalmedikaments streiten sich 10 bis vierzig Generikaanbieter um den Markt. Günstige Preise sind ein Muss, ein Hersteller kann sich also weder über das Produkt noch über den Preis wirklich differenzieren. Unter dem Motto »weiterdenken statt kopieren« schafft Sandoz den innovativen Unterschied dadurch, dass es nicht das Produkt selbst optimiert, sondern die Verpackungen. Und dabei hat Sandoz die Nutzung seiner Produkte durch verschiedene Personengruppen, nämlich Patienten, Ärzte und Apotheker im Fokus.

Die Innovation beginnt bei der so genannten Primärverpackung, also direkt am Medikament. Kopfschmerztabletten, oft groß und rau, und für manche Menschen fast nicht ohne Brechreiz zu schlucken, wurden von Sandoz mit einem Film überzogen, der bei Berührung mit Feuchtigkeit sofort sehr glitschig wird, eine angenehme Schluckhilfe. Am Spender eines Nasensprays wurde ein sichtbares Zählwerk für Sprühstöße angebracht, das hilft bei der Dosierung. Und auch die Außenverpackung wird zur nützlichen Kommunikationsplattform. Herkömmlicherweise schreiben Arzt oder Apotheker Dosierungshinweise auf das Rezept. Aber wer hat das Rezept schon zur Hand, wenn er eine Tablette nimmt? Auf der Sandoz-Verpackung bleibt deshalb Platz für handschriftliche Hinweise; einen Stift, mit dem sich auch auf dem glatten Verpackungsmaterial schreiben lässt, gibt es gratis dazu. Durch ein Farbsystem auf der Umverpackung kann der Apotheker darüber hinaus auf einen Blick erkennen, welche Wirkstoffe in welcher Dosierung enthalten sind. Das spart Zeit und vermeidet Fehler. Auch der Kunde, häufig genervt von seitenlangen Beipackzetteln mit Schrift in Lupengröße, findet auf der Verpackung schnell, was er sucht, denn auf der Rückseite stehen die wichtigsten Indikationshinweise.

Zukunftstipp

Betrachten Sie den ganzen Nutzungsraum des Kunden – vom Kauf bis zur Entsorgung. Und behalten Sie dabei die feinen Unterschiede Ihrer Kundengruppen im Auge. So können Sie sich in satten Märkten vom Wettbewerb abheben.

Dimension zwei: die rationalen Kaufkriterien

Die Logik der Kundenperspektive macht es dem Kunden einfacher und schafft neue Innovationsräume für Sie als Anbieter. Doch die Messlatte der smarten und zeitknappen Konsumenten liegt höher, sie erwarten von Ihnen Leistungen in einer bestimmten Qualität. Im Folgenden zeigen wir fünf Kriterien auf, nach denen Kaufentscheidungen abgewogen werden:

1. Die zentrale Knappheit des modernen Konsumenten ist seine Zeit. Zeitersparnis motiviert zur Anschaffung unendlich vieler Produkte und Dienstleistungen vom Fertiggericht über den Gartenservice bis zum Lear Jet.
2. Und es geht um den richtigen Preis. Das Internet sorgt für eine noch nie gekannte Preistransparenz, sekundenschnell und fast kostenlos. Kein Preis kann sich mehr verstecken.
3. Einfachheit ist ein entscheidendes Kaufkriterium, gerade im technischen Bereich. Denn einerseits erlauben uns all die smarten High-Tech-Helfer Dinge zu tun, die wir ohne sie nicht konnten. Andererseits kosten sie uns nicht nur Geld, sondern aufwändige Lernprozesse. Aus Aufwand und Ergebnis kann man eine Bilanz erstellen. Bei einem Toaster fällt diese Bilanz aus Aufwand und Ertrag eindeutig positiv aus. Ist die Zeiteinstellung korrekt, braucht es nur wenige Sekunden und einen leichten Fingerdruck, um das gewünschte Ergebnis in Form einer goldenen Brotschnitte zu erzielen. Aber wenn Sie das gleiche Verfahren auf ein Handy der letzten Generation anwenden, könnte das Ergebnis anders aussehen.
4. Produkte und Services müssen Kunden produktiver machen – nichts verlockt den gestressten Konsumenten mehr als die Aussicht auf verblüffende Ergebnisse, die er mit minimalem Aufwand erreichen kann. Das ist das System hinter Backmischungen, guten Digitalkameras und erfolgreicher Büro-Software, die den Nutzer durch Vorlagen und Standardlösungen schneller und besser macht.
5. Und es geht um Offenheit. »Offene Systeme« kennt man aus der Informationstechnologie. Linux, das offene Betriebssystem, ist nicht mehr aufzuhalten, sogar Simulationen der NASA werden heute auf dieser Plattform gefahren. Diese »Offenheit« wird heute zur generellen Produktanforderung, denn insbesondere der junge Konsument will Dinge nicht nur besitzen, er will kombinieren, kopieren und verändern, und dazu braucht er Zugang zum Produkt. Und weil es in der Konsumlandkarte älterer Konsumenten keine weißen Flecken mehr gibt, wird auch hier Offenheit zum Thema. Neues muss sich in das Bestehende integrieren oder es passt nicht. Das neue Flachbild-TV muss natürlich über die schon existierende HiFi-Anlage abgespielt werden können.

Best Practice

Progressive Insurance – ein Autoversicherer mit Simplify-Bonus

Traditionell legen Autoversicherer viel Wert darauf, den Kunden in der Kaufphase zu überzeugen: durch günstige Prämien, spezielle Konditionen für Angehörige, gut geschulte Berater, die sogar ins Haus kommen, und durch intelligente Kooperationen mit dem Kfz-Handel. Im Schadensfall selbst, also in der eigentlichen »Gebrauchsphase« der Versicherung, sieht man schwerlich einen Versicherungsvertreter vor Ort, sogar telefonisch ist es zuweilen nicht einfach, zum richtigen Ansprechpartner zu gelangen. Diese Unwucht im System hat Progressive Insurance radikal geändert.

Die drittgrößte amerikanische Autoversicherung zeigt, wie eine stärkere Orientierung an der tatsächlich erlebbaren Kundenerfahrung und die Ausräumung zentraler Branchenschwachstellen zu innovativen Lösungen führen können.

Progressive Insurance legt seinen Serviceschwerpunkt dorthin, wo ihn der Kunde wirklich am nötigsten braucht: auf den Ernstfall beim Unfall, also auf den tatsächlichen Gebrauch der Versicherungsleistung. Schon 1994 wurde das System der »Immediate Response Vehicles« eingeführt, speziell gekennzeichnete und ausgestattete Fahrzeuge, in denen der Schadensbearbeiter – wenn notwendig – direkt zur Unfallstelle kommt. Über Laptops kann der Progressive-Mitarbeiter direkt mit der Schadensabteilung kommunizieren, und manchmal kann der Gutachter die Schadenshöhe bereits am Unfallort ermitteln und den entsprechenden Scheck schon vor Ort ausstellen. Die über 2 900 Immediate Response Vehicles nützen indessen nicht nur den Versicherten. Auch Progressive spart durch die beschleunigte Abwicklung der ungefähr 10 000 Schadensfälle am Tag, zum Beispiel an Mietwagenkosten. Der Ernstfall ist für Progressive auch die beste Werbeplattform, denn die Immediate Response-Fahrzeuge garantieren hohe Aufmerksamkeitswerte am Unfallort.

Einfachheit als »Stress-Outsourcing«

Wahrscheinlich bringen nur wenige Menschen Begriffe wie »Zeitersparnis« oder »Einfachheit« mit der Versicherungsbranche in Verbindung. Eher das Gegenteil. Beim Abschluss jedweder Versicherung verliert sich der willige Kunde häufig in einem Dschungel von Konditionen und Leistungen, ein Autounfall zieht im Normalfall ein lästiges Hin und Her mit Werkstatt und Versicherung nach sich. Progressive hat sich dieser Schwachstellen der Branche angenommen und brachte schon im Jahr 2003 in 18 Großstädten den Concierge-Service auf den Markt. Dieses Bündel von Dienstleistungen ermöglicht dem Progressive-Kunden, die gesamte Schadensabwicklung und die damit verbundenen Kopfschmerzen und Sorgen outzusourcen – von der Unfallschadensmeldung bis zur Fertigstellung der Reparatur. Das System ist denkbar einfach: Der Unfallkunde gibt sein beschädigtes Fahrzeug bei einem nahe gelegenen Servicecenter ab (einer Mischung aus Versicherungsagentur, Werkstatt und Mietwagen-Station), bekommt anschließend einen Mietwagen und einen Pager für Benachrichtigungen und holt das Fahrzeug erst wieder ab, wenn alles erledigt ist. Die Begutachtung des Schadens, die Kostenschätzung und das Einholen verschiedener Vergleichsangebote entfallen, und für die Reparatur in der Vertragswerkstatt gibt es eine lebenslange Garantie. Progressive begleitet den Kunden bis zum letzten Moment der Schadensabwicklung; auch bei der Übernahme des Fahrzeugs in der Werkstatt ist der Versicherungsberater dabei. Im Jahr 2006 hat Progressive seinen Concierge-Service um das Modul »total loss« erweitert, das heißt, wenn das eigene Fahrzeug in Folge eines Unfalls einen Totalschaden hat, übernimmt die Versicherung die Suche eines Ersatzfahrzeugs zu einem günstigen Preis.

Schaubild 32 illustriert, in welchen Innovationsfeldern Progressive Insurance angesetzt hat, um sich klar zu positionieren. Progressive Insurance punktet vor allem mit Zeitersparnis und Einfachheit und greift damit zwei Schwachpunkte der Versicherungsbranche auf.

Zukunftstipp

Ändern Sie den Ausgangspunkt. Starten Sie nicht, wie gewohnt, bei den Stärken und Schwächen Ihres Unternehmens, sondern machen Sie – aus Kundensicht – die größten Kaufbarrieren und Stolpersteine Ihrer Branche ausfindig. Genau dort schlummern viel versprechende Innovationsfelder. Nicht der Wettbewerb, nicht der Branchen-Benchmark ist der Maßstab, sondern die Erlebniswelt des Kunden.

Abb. 32: **3-D-Innovation**
Beispiel Progressive Insurance

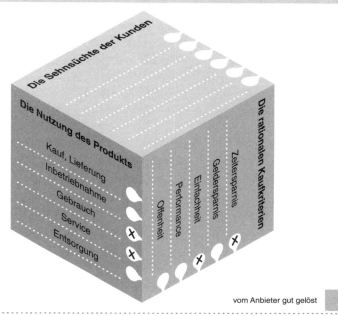

Dimension drei: die emotionalen Kaufkriterien

Die fünf rationalen Kaufkriterien sind wichtige Maßgrößen für Anbieter, doch sie sind so etwas wie Basics, Hygienefaktoren. Hygienefaktoren kennt man aus der Arbeitswelt: Sie beschreiben Faktoren, die Unzufriedenheit hervorrufen, wenn sie nicht erfüllt sind, aber sie führen nicht notwendigerweise zu größerer Zufriedenheit, wenn man sie steigert. Das Gehalt ist ein typischer Hygienefaktor. Zeitersparnis, ein guter Preis, Einfachheit, Performance und Offenheit sind mit solchen Hygienefaktoren vergleichbar. Wenn mit diesen Kriterien etwas nicht stimmt, kann das zum sofortigen Aus eines Anbieters führen. Wenn eine gesamte Branche Schwachstellen bei bestimmten Kriterien aufweist, dann punktet das Unternehmen, das die Schwächen zuerst mit einer überzeugenden Lösung beseitigt. Doch wenn alle Wettbewerber die Qualitätskriterien mehr oder weniger erfüllen, werden sie allein wahrscheinlich keine Kaufentscheidung mehr auslösen. Die Fragen, die Sie sich stellen sollten, sind: Was drängt den Konsumenten wirklich zum Kauf, was motiviert ihn?

Wo liegen seine wahren Sehnsüchte? Von welchen Gefühlen lassen sich Kunden leiten?

Bei den nachfolgenden emotionalen Kaufkriterien orientieren wir uns an der Pyramide der menschlichen Bedürfnisse nach A.H. Maslow (1908–1970). Sie ist zwar hinlänglich bekannt, doch noch immer nützlich. Menschen befriedigen zuerst ihre körperlichen Grundbedürfnisse, dann suchen sie Sicherheit und Gemeinschaft. Auf den höheren Ebenen streben sie nach Anerkennung und Selbstverwirklichung. Diese tief liegenden Bedürfnisstrukturen bilden sich in der Welt des Konsums ab. Die Welt des Konsums nach Maslow definiert:

- **Mobilität** ist der Seinszustand des modernen Menschen, Zeit seine knappste Ressource, Stress sein vorherrschendes Lebensgefühl. Die Flexibilisierung des Alltags durch neue Arbeits- und Lebensformen, die »häusliche Lücke«, die durch arbeitende Frauen entstanden ist, und der drängende Wunsch nach persönlicher Selbstverwirklichung schaffen hochgradig komplexe Lebensumstände. Als Gegengewicht zu dieser überbordenden Komplexität suchen die Menschen nichts so sehr wie **Entspannung** – durch Unterhaltung, durch Spiel, durch Erlebnis.
- Die Sehnsucht nach **Sicherheit** und **Vertrauen** wird um so brennender, je unüberschaubarer die Märkte werden, je vorherrschender eine virtuelle Verkaufswelt wird, in der Anbieter viel versprechen und wenig halten. Das Bedürfnis zu vertrauen ist eine tief reichende Wurzel des Markenkonsums, und sie wird bedient durch eine unendliche Fülle an Garantieversprechen.
- Die Sehnsucht nach **Gemeinschaft** ist ein Blockbuster des Konsums im 21. Jahrhundert. »Community« ist die Leitvokabel des Web 2.0, jede Marke pflegt ihre Clubs, Business-Communities wie Xing boomen.
- Der nach **Anerkennung** heischende **Status**konsum feiert Urstände, wenn auch in neuem Gewand. Denn Luxus hat einen Paradigmenwechsel durchlebt. Noch vor 50 Jahren war Luxus schwer und materiell – vergoldete Armaturen, Marmorsäulen, schwerer Brokat, das koloniale »Grand Hotel«. Der Luxus von morgen ist leicht, er buchstabiert sich »Exklusivität« und »Individualisierung«. Denken Sie an die winzige, rustikale Privatlodge im Regenwald oder an das Hotelbett mit dem vom Gast präferierten Dinkelkissen.
- Wir durchleben eine umfassende Ästhetisierung unserer Alltagswelt. Früher waren Klobürsten Klobürsten, heute sind sie Designobjekte.

Längst sind Design und Stil im Konsum zu zentralen Entscheidungskriterien mutiert. Wer nach funktionalen Kriterien eine Zahnbürste auswählen wollte, stünde zwei Stunden vorm Regal. Wer einfach die nimmt, die ihm gefällt, hat innerhalb kürzester Zeit seinen Einkauf erledigt. Das Reich der **Ästhetik** bietet jedoch nicht nur Orientierungshilfe, sondern vor allem die Möglichkeit zur Selbstdarstellung. Davon leben zum Beispiel Allessi, Bang & Olufsen und Porsche.

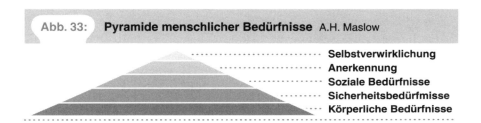

Abb. 33: **Pyramide menschlicher Bedürfnisse** A.H. Maslow
- Selbstverwirklichung
- Anerkennung
- Soziale Bedürfnisse
- Sicherheitsbedürfmisse
- Körperliche Bedürfnisse

- Und es gibt verlässliche Anzeichen dafür, dass wir mit dem Beginn des 21. Jahrhunderts eine Epoche abgeschlossen haben, in der zügelloser Hedonismus und Massenkonsum, Egokulte und Spaßkultur im Vordergrund standen. In der nach-industriellen Gesellschaft rückt eine neue Balance zwischen Individuum, Gesellschaft und der Natur, in der wir leben, in das Zentrum der Aufmerksamkeit. Engagement und Freundschaft, Ehrlichkeit, Natürlichkeit und Spiritualität erleben eine Renaissance. Corporate Social Responsibility, die soziale und ökologische Verantwortung der Unternehmen, wandelt sich von der Marketing-Allüre zur Firmenstrategie – ob durch innere Einsicht oder externen Druck. **Ethische** Kategorien gewinnen an Bedeutung, auch wenn es um Konsumentscheidungen geht.

Diese sechs Kategorien – Entspannung, Sicherheit/Vertrauen, Gemeinschaft, Anerkennung/Status, Ästhetik und Ethik – sind die Motivatoren, die die dritte Dimension eines innovativen Angebots ausmachen.

Machen Sie es wie Nespresso – die drei Dimensionen des Erfolgs

Nespresso ist das am schnellsten wachsende Unternehmen der Nestlé-Gruppe. In den Jahren 2000 bis 2004 ist der Umsatz jährlich um gut 30 Prozent gestiegen, im Jahr 2005 sogar um 36 Prozent. Nespresso ist europäischer Marktführer bei portionierten Spitzenkaffees und mit circa 17 Prozent Marktanteil der Marktführer bei Espressomaschinen in Europa. Das Nespresso-System illustriert anschaulich, was es heißt, alle Dimensionen des Erfahrungsraums der Kunden anzusprechen. Im Zentrum von Nespresso steht nicht das Rohmaterial Kaffeepulver wie bei den Nestlé-Produkten Caro oder Nescafe, sondern der ungetrübte Espressogenuss des Kunden.

- Das Nespresso-System klickt schon bei der Beschaffung ein. Die Kaffeekapseln können 24 Stunden am Tag an sieben Tagen in der Woche über das Internet, per Telefon, per Mail oder per Fax bestellt werden; die Auslieferung erfolgt innerhalb von zwei Werktagen. Oder man kauft schlicht im stationären Fachhandel. Nespresso ist ein globaler Genuss, erhältlich in nahezu 100 Ländern, von Hong Kong bis zum Senegal. Und wem das nicht reicht, dem ist die spezielle Reisetasche für die Nespressomaschine zur Hand.
- Zwölf Geschmacksvarianten ermöglichen individuellen Kaffeegenuss. Den Quantensprung zum »Kaffee-Komplettanbieter« jedoch hat Nespresso durch die Kooperation mit namhaften Herstellern wie Miele, Siemens oder Krups geschafft. Das breite Sortiment der Kaffeemaschinen deckt vom heimischen Single-Bedarf bis zur Mega-Nachfrage bei der Kreativagentur alles ab. Und um das Kaffee-Erlebnis zu komplettieren, offeriert Nespresso praktisches Zubehör, aber auch stilvolle Accessoires wie Spender für die Kaffeekapseln oder Espresso-Tässchen. So entstehen fortwährend weitere Möglichkeiten der Wertschöpfung. Der Nespresso-Kundendienst lässt jeden Espressoliebhaber ruhig schlafen. Ist das Gerät defekt, wird es auf Wunsch abgeholt und für die Dauer der Reparatur durch eine Leihmaschine ersetzt. Nespresso punktet bei Kauf, Gebrauch und Service.

Die angekreuzten Bereiche in Abbildung 34 zeigen, in welchen Bereichen Nespresso mit seinem Angebot gut im Markt aufgestellt ist. Die Fragezeichen weisen auf eher problematische Themen hin.

- Den innovativen Kern der Nespresso-Idee versteht am besten, wer weiß, was es bedeutet, eine mit Kaffeeresten verklebte Espressomaschine zu reinigen oder zu entkalken. Nespresso spart Zeit und ist einfach zu bedienen. Die Kaffeekapseln ermöglichen eine leichte und schnelle Zubereitung und reduzieren den Reinigungsaufwand drastisch. Das Endprodukt ist

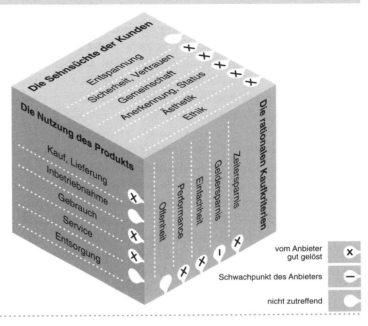

Abb. 34: 3-D-Innovation
Beispiel Nespresso

Dank des standardisierten und narrensicheren Zubereitungsprozesses von gleichbleibender Qualität – auch der ungeübte »Heim-Barista« kann durch seine Performance beeindrucken.
- Mit seinen »Simplify-Kaffeekapseln« holt Nestlé zielsicher den gestressten Kunden ab.
- Mit dem Nespresso-Gesamtkonzept arbeitet sich Nestlé senkrecht durch die Maslow'sche Pyramide hindurch. Von den Nespresso-Boutiquen, über den Internetauftritt bis zu den trendigen Zuckermikados (farblich abgestimmt auf die Nespresso-Grand Crus) dominiert eine wieder erkennbare ästhetische Sprache. Nicht ganz umsonst – die Mikadotütchen haben einen hochgerechneten Zucker-Kilopreis von ungefähr 20 Euro.
- Die Marke Nestlé gibt Sicherheit und wird gegebenenfalls durch die Strahlkraft der Maschinenanbieter noch weiter aufgewertet.
- Das richtige »Kaffee-Wir-Gefühl« schafft der virtuelle Nespresso-Club, der dem Espressoliebhaber die »Kunst des Kaffeegenusses« nahe bringt, so etwa die Bedeutung der Crema bei der Aromaentfaltung eines Espresso.

- Nespresso positioniert sich als Connaisseur-Produkt, die Espresso-varianten kommen als »Grands Crus« daher und rufen Assoziationen zu französischer Weinkennerschaft hervor. So entsteht ein Lifestyle-Produkt mit luxuriöser Anmutung, das durch flankierende Aktivitäten wie dem »N Magazin«, einem Designwettbewerb oder von Werbespots mit George Clooney untermauert wird. Und auch der Preis ist premium. Eine Tasse Nespresso kostet circa 31 bis 32 Cent und ist damit rund sechsmal so teuer wie eine Tasse normaler Filterkaffee und noch etwa doppelt so teuer wie eine Tasse Senseo-Kaffee.
- Nestlé bedient das soziale Gewissen seiner Kundschaft. Seit 2003 existiert das »Nespresso AAA Sustainable Quality Program«, das eine nachhaltige Produktion von Kaffee und faire Geschäfte mit den Kaffeebauern anstrebt. Etwa 30 Prozent des Nespresso-Kaffees stammen heute aus diesem Programm, bis 2010 sollen es etwa 50 Prozent sein. Ob diese Aktivitäten eher Marketingmaßnahmen sind oder auf eine nachhaltige Veränderung zielen, wird man abwarten müssen.

Nestlé bewegt sich mit viel Empathie und Geschick im Nutzungsraum des Kunden – mit großem Erfolg. Doch der Preis engte den Markt ein. Nestlé ist mit seiner Marke Nespresso erfolgreich im Premiumsegment, hatte aber den Angeboten von Sara Lee mit »Senseo«, Kraft Foods mit »Tassimo« und Tchibo mit »Cafissimo« im Massenmarkt nichts entgegenzusetzen. Statt den Wettbewerbern den Markt zu überlassen, hat Nestlé ein Eintassensystem in Zusammenarbeit mit Krups für den Massenmarkt entwickelt. Seit Herbst 2006 gibt es Nestlés »Nescafe Dolce Gusto«, der Verkaufspreis der Maschine liegt bei etwas über 100 Euro. Den Kaffee kaufen Caféholics im »Dolce Gusto-Shop«. Auf die Tasse umgerechnet kostet ein Espresso dort ungefähr 25 Cent.

Praxis-Check

3-D-Innovation – so gehen Sie vor:

Alle drei Seiten des Innovationswürfels in Abbildung 35 symbolisieren Bereiche, in denen sich Innovationsfelder verbergen können. Entscheidend ist, dass Sie bei der Betrachtung der einzelnen Dimensionen die Kundenperspektive einnehmen.

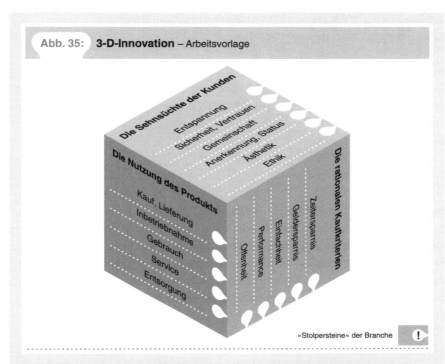

Abb. 35: **3-D-Innovation** – Arbeitsvorlage

»Stolpersteine« der Branche

Schritt 1: Die drei Dimensionen der Kundenerfahrung
Markieren Sie die Bereiche aller drei Seiten, in denen Sie die für Kunden schwerwiegendsten Kaufbarrieren, Stolpersteine und Frustrationserlebnisse vermuten. Suchen Sie also nicht, wie gewohnt, wo die Stärken und Schwächen Ihres Unternehmens liegen, sondern machen Sie – aus Kundensicht – die Bereiche ausfindig, in denen die größten Defizite liegen.

Schritt 2: Die größten Chancen
Bringen Sie diese Bereiche in die Reihenfolge ihrer Bedeutung. Dort wo die größten Kundenhindernisse liegen, schlummern die vielversprechendsten Innovationsfelder. Auch und gerade dann, wenn auch Ihr Wettbewerber noch keine Lösung für dieses Problem bieten kann. Denn die neue Unternehmenslogik heißt: Nicht mehr der Wettbewerber ist der Maßstab, nicht mehr der Branchen-Benchmark, sondern die verschiedenartigen Facetten der Kundenerfahrung.

Schritt 3: Innovation durch Optimierung der Kundenerfahrung
Denken Sie an den definierten Innovationsfeldern weiter. Suchen Sie fremde Branchen, die ähnliche Probleme lösen mussten. Kopieren Sie gute Ideen.

Innovationsstrategie 4: »Empowerment-Business« – eine Strategie für globale Aufsteigermärkte

Bislang betrachteten Unternehmen die mittellosen Massen der Schwellenländer zumeist als Almosenempfänger, und zuweilen übten sie sich in guten Taten. Andere Unternehmen sehen in denselben Menschen eine ernst zu nehmende Zielgruppe. Sie unterstützen diese Menschen *und* machen Geschäfte mit ihnen.

Die Anatomie der Aufsteigermärkte

Bis in die 80er Jahre war die Erste Welt der globale Wachstumsmotor. Technologie und privater Konsum waren die Schubkräfte dahinter. Mit der Jahrtausendwende kam Bewegung in diese Wachstumsdynamik, das Gravitationszentrum der Weltwirtschaft verlagerte sich. Während heute die Wachstumsraten der klassischen Industrienationen eher verhalten sind, boomen ehemalige Schwellenländer, allen voran China, Indien und die osteuropäischen Staaten.

Denkt man diese Entwicklung weiter, ergibt sich daraus eine seismische Verschiebung in der Sozialstruktur der Welt. Heute noch bilden vier Milliarden arme Menschen die hässliche Schattenseite einer prosperierenden Weltgesellschaft. Fast ein Viertel dieser Menschen hungert, lebt von weniger als einem US-Dollar am Tag. Dann folgen etwa zwei Milliarden »Wohlständige«. Von den 10 Millionen Millionären der Welt sind nicht wenige in Redmond, bei Microsoft, zu finden. Die Kaste der Superreichen besteht aus ungefähr 700 Milliardären, über ihren Primus herrscht Uneinigkeit. Bill Gates und Ingvar Kamprad, der Gründer von Ikea, werden als Spitzenkandidaten gehandelt.

Durch die neue Dynamik der Weltwirtschaft gerät diese Pyramide in Bewegung. Die erste Hälfte des 21. Jahrhunderts wird geprägt sein vom sozialen und wirtschaftlichen Aufstieg von etwa zwei Milliarden Menschen, die globalen Aufsteiger.

Abb. 36: **Big Boom 200X** BIP-Wachstumsraten in ausgewählten Ländern, 2005

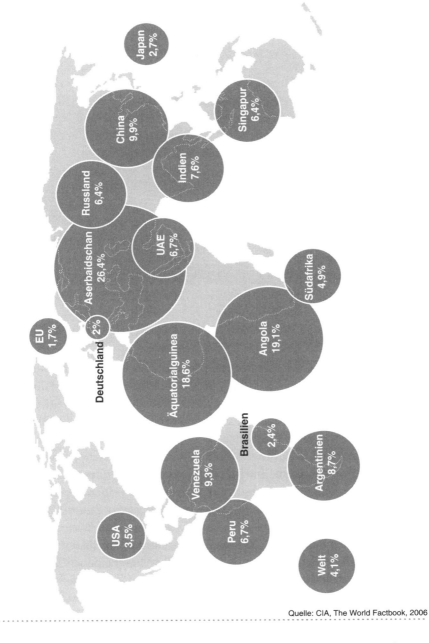

Quelle: CIA, The World Factbook, 2006

Abb. 37: Arm und Reich global – die »Globalen Aufsteiger« kommen

Die großen Märkte der kleinen Preise

Zwei Milliarden Menschen lassen das Herz eines Anbieters schneller schlagen, denn hier entstehen Märkte, die 24-mal Deutschland entsprechen. Die medienwirksamste Gruppe der globalen Aufsteiger sind die neuen Eliten des urbanen Indien und der chinesischen Küstenregionen. Shanghai mit seinen 14 Millionen Menschen, Beijing mit 9 Millionen, Hong Kong mit immerhin noch 7 Millionen Einwohnern sind die Knotenpunkte des modernen Power-Konsums im Reich der Mitte. Schlendert man über die geschäftige Nanjing Road in Shanghai, begegnet man einem Konsumententypus, der bei uns auf der roten Liste der bedrohten Arten steht: jung, technikaffin und markengeil.

Doch die Masse der zwei Milliarden Aufsteiger der nächsten Jahrzehnte bewegt sich aus der Armut heraus in einen eher bescheidenen Wohlstand. Es sind Menschen, die dann nicht mehr von einem oder zwei US-Dollar am Tag leben müssen, sondern dann vielleicht 10 US-Dollar am Tag zu ihrer Verfügung haben. Und diese Menschen konsumieren anders. In einem

Leitartikel hat die *Business Week* im September 2004 die Geschichte einer jungen Frau aus Südindien erzählt.[41] Sie ist »Wander-Fotografin«, fristet ihr Dasein durch Familienfotos von Kindtaufen, Hochzeiten und anderen Familienfeiern. Ihre Geschäftsausstattung passt in einen Rucksack: eine Digitalkamera, ein Drucker und ein Solarladegerät. Ihr Geschäftsmodell ist ebenso simpel: Sie zahlt monatlich 9 US-Dollar Miete für die Ausrüstung an Hewlett Packard, und für ein Foto berechnet sie 70 Cent. Damit schafft sie es, ihr Familieneinkommen zu verdoppeln.

Allein auf den Absatz von Produkten zu schauen, hilft wenig, in den Märkten der kleinen Geldbeutel. Der Schlüssel zum Erfolg liegt darin, die wirtschaftliche Lage dieser Menschen zu verbessern, sie zu »empowern«. Erst dann werden sie von Almosenempfängern zu Kunden.

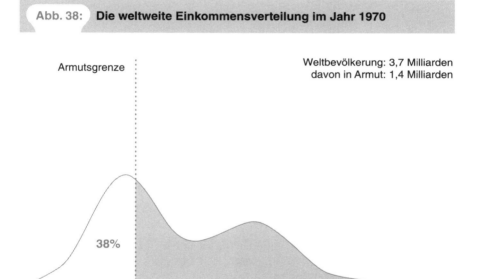

Abb. 38: **Die weltweite Einkommensverteilung im Jahr 1970**

In Anlehnung an: United Nations Development Programme, Gapminder, Human Development Trends 2005, 2005

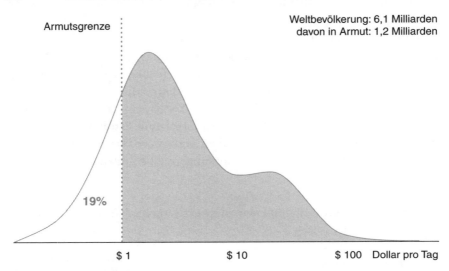

Abb. 39: Die weltweite Einkommensverteilung im Jahr 2000

Armutsgrenze

Weltbevölkerung: 6,1 Milliarden
davon in Armut: 1,2 Milliarden

19%

$ 1 $ 10 $ 100   Dollar pro Tag

In Anlehnung an: United Nations Development Programme, Gapminder, Human Development Trends 2005, 2005

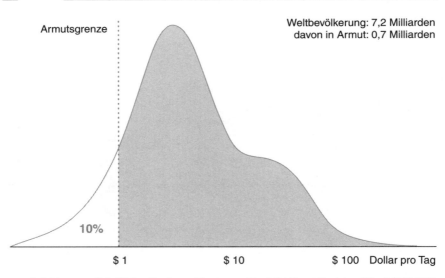

Abb. 40: Die weltweite Einkommensverteilung im Jahr 2015

Armutsgrenze

Weltbevölkerung: 7,2 Milliarden
davon in Armut: 0,7 Milliarden

10%

$ 1 $ 10 $ 100   Dollar pro Tag

In Anlehnung an: United Nations Development Programme, Gapminder, Human Development Trends 2005, 2005

Cemex – »Empowerment« statt Baustoff

Cemex, im Jahr 1906 in Mexiko gegründet und heute der drittgrößte Zementhersteller der Welt, hat es verstanden, sich erfolgreich auf diese Märkte der »kleinen Geldbeutel« einzustellen. Während Baustoffe traditionell über Kriterien wie Preis, Lagerfähigkeit, Handhabung, Festigkeit und Witterungsbeständigkeit verkauft werden, verkauft Cemex durch Empathie.

Doch davor stand die Marktanalyse. Die Nachfrage in der mexikanischen Baubranche resultiert zu über der Hälfte aus dem Wohnungsbau, ein Drittel geht auf den Sektor Infrastruktur, der Rest entfällt auf andere Bauvorhaben. Die Masse der mexikanischen Häuslebauer sind Menschen mit sehr niedrigen Einkommen und zählen zu den 60 Prozent der Mexikaner, die weniger als 5 US-Dollar am Tag verdienen. Häufig leben sie in »informal settlements«, also in Slums. Diese Menschen bilden ein verlockendes Marktpotenzial, denn ihre Nachfrage ist enorm und stetig, jedoch sind die zu erwartenden Umsätze minimal – es geht um »Micro-Business«.

Auf den Punkt gebracht

»If we stop thinking of the poor as victims or as a burden and start recognizing them as resilient and creative entrepreneurs and value-conscious consumers, a whole new world of opportunity will open up.«
C.K. Prahalad in «The Fortune at the Bottom of the Pyramid»

Aus erstarkten Kunden werden starke Geschäfte

Um diesen Markt zu erschließen, mussten die potenziellen Kunden von Cemex als erstes aus ihrer Geldknappheit erlöst werden. Ein traditioneller Weg zum Mini-Vermögen sind in Mexiko so genannte »tandas«, Sparsysteme, bei denen ein Dutzend Dorfbewohner über eine gewisse Laufzeit hinweg den gleichen, winzigen Betrag in einen Topf einzahlt. Per Los wird entschieden, wer den Jackpot abräumt, irgendwann ist jeder dran. Der Löwenanteil des Gewinns, bei dem es sich um Beträge um die 100 Euro dreht, fließt in Feste wie Kindtaufen oder Hochzeiten.

Mit seinem Programm »Patrimonio hoy«, also »Eigentum heute«, dockt Cemex seit dem Jahr 1998 an diese Tradition an und zwar über lokale

Spar-Clubs. Auf diese Weise gelangten die Menschen zu einem bescheidenen Vermögen. 70 Wochen lang zahlen die Hausbauer in spe 14 US-Dollar ein, den Jackpot, eine Sparsumme von ungefähr 1 000 US-Dollar, gibt es allerdings nicht als Geldbetrag, sondern in Form von Baumaterial für einen Anbau von ungefähr 10 m². Dabei liefert Cemex aber mehr Baumaterial, als es der tatsächlich bereits angesparten Geldsumme entspricht, gewährt also einen Kredit. Allerdings nur, wenn die »Sparmoral« der Gruppe einwandfrei ist. Wie die »Weight Watchers« hilft der »Patrimonio Hoy Club« dabei, allen Versuchungen zu widerstehen und durch gegenseitige Unterstützung konsequent am Sparplan festzuhalten. Darüber hinaus bietet Cemex den frisch gebackenen Bauherren technische Unterstützung und Schulung bei Planung und Durchführung des Bauvorhabens. Über 123 000 mexikanische Familien sind durch dieses Programm zu Hauseigentümern geworden.

Der Schlüssel zum Erfolg von Cemex ist ein System, das Unterstützung, Selbsthilfe und Abverkauf eines Produkts miteinander koppelt. Seine Basis ist das Empowerment der Kunden. Heute ist Cemex mit über 26 000 Mitarbeitern als Global Player in über 50 Ländern vertreten, wächst seit zehn Jahren zweistellig, erwirtschaftet einen Umsatz von über 6,5 Milliarden US-Dollar und ist hochprofitabel.

Micro-Business – vom Almosen zum Geschäft

Indien ist der typische Aufsteigermarkt. In Indien leben ungefähr 400 Millionen Menschen von weniger als einem US-Dollar am Tag, das sind mehr als alle 295 Millionen Einwohner der USA. In den ärmeren ländlichen Gebieten hat nur knapp ein Fünftel der Bevölkerung Zugang zu einer Bank. Gute Zeiten für Geldverleiher, die mit Zinssätzen von 3 bis 10 Prozent im Monat arbeiten. Gemüseverkäufer zum Beispiel leihen sich ihr tägliches Arbeitskapital zu Wucherzinsen von bis zu 10 Prozent am Tag. ICICI, eine indische Bank, hat in diesen Menschen potenzielle Kunden und einen Wachstumsmarkt erkannt und Bank-Dienstleistungen neu definiert, nämlich als »Low cost-Services«.

Üblicherweise betreiben Institutionen, die Mikrokredite vergeben, Entwicklungspolitik, natürlich ohne Profiterwartung. Zur Jahrtausendwende gab es weltweit rund 7 000 Mikrofinanzinstitute, allerdings waren davon nur etwa 100 finanziell autark, das heißt konnten ohne Finanzspritzen von außen auskommen. Das liegt daran, dass die Vergabe von Krediten ein äußerst kapital- und arbeitsintensiver Prozess ist. Unter dem Motto »saving first – credit later«, also »erst sparen, später Kredit«, hat ICICI das Geschäftsmodell von Mikrokrediten geändert und die Basis für ein profitables Geschäft gelegt. Denn durch das neue Prinzip ist die Bank in der Lage, Sparguthaben einzusammeln, um damit Kleinstkredite zu finanzieren.

ICICI – die Blaupause einer neuen Bank-Generation

Um das »saving first – credit later«-Prinzip umzusetzen, stütze sich ICICI auf Selbsthilfegruppen von je 20 Frauen, die es in den Dörfern schon gab, und entwickelte ein Vorgehen in drei Schritten:

- Schritt 1: »learn to save«. Jeder spart einen US-Dollar im Monat, das ergibt 120 US-Dollar in sechs Monaten plus Zinsen. Dafür richtet die Gruppe ein Sparkonto ein.
- Schritt 2: »learn to lend what you have saved«. Jetzt erlernt die Gruppe den Geldverleih. Die angesparten 120 US-Dollar kann die Gruppe an einzelne Mitglieder ausleihen, meistens für medizinische Notfälle. Damit beginnen die Menschen, sich aus der Abhängigkeit von den privaten Verleihern zu lösen.
- Schritt 3: »learn to borrow«. In dieser Phase stellt die Gruppe erstmals einen umfangreichen Kreditantrag über insgesamt 5000 US-Dollar, also 250 US-Dollar pro Kopf. Dieses Geld wird zumeist für den Kauf von Vieh, Land oder eines kleinen Ladens verwendet.

Zuerst lernen die Frauen also systematisch, wie man mit Geld umgeht, dann erst wird ein Kredit vergeben. Schulung und Training, also Empowerment, sind die Grundlage dieses Geschäftsmodells, in dessen Zentrum die Absicht steht, aus mittellosen Frauen wirtschaftlich handlungsfähige Bürgerinnen zu machen.

Die Sicherheit für den gewährten Kredit bildet bei diesem System nicht das Ersparte, denn das Sparen soll ja weiter betrieben werden. Die Sicherheit ist die Gruppe, sie bürgt für jeden. Hier herrscht ein kompliziertes Wechselspiel aus Abhängigkeit, Gruppendruck und Unterstützung. Die Kunden-Clusterung in Selbsthilfegruppen (SHG) schafft wertvolles soziales Potenzial und es reduziert die Kundenschnittstellen. Denn die Bank redet nicht mehr mit jedem, sondern nur mit den Leitern der SHGs.

Eine Bank für mehr als Geld und Darlehen

ICICI schult die Mitglieder der SHGs nicht nur im Umgang mit Geld, die Frauen lernen dort auch schreiben und lesen, und vor allem die Leiterinnen der SHGs erwerben mit der Zeit auch andere Fähigkeiten: Kommunikation, das Treffen von Entscheidungen sowie Führungsverhalten, also einfache Businesskompetenzen.

Und nur weil die Menschen so qualifiziert werden, kann die Bank ein gigantisches Outsourcing vornehmen. Der kostspielige Prozess der Kreditbewilligung wird zum Teil in die Selbsthilfegruppe verlagert. Sie prüft die Zuverlässigkeit ihrer Mitglieder, sowie die Realisierbarkeit der von ihnen geplanten Vorhaben, sie kontrolliert den Projektfortschritt und überwacht die rechtzeitige Tilgung der Kredite. Der »soziale Kitt« der Gruppe führt zu einer Rückzahlungsquote von 99 Prozent. Für die Bank bedeutet das Risikominimierung.

Diese Bank betreibt »Business by Empowerment«, die Frauen gewinnen Kompetenzen und Selbstsicherheit, und heute gehören bereits 22 000 Selbsthilfegruppen zum Netzwerk der Bank. Eine Million Menschen haben Zugang zu Mikrokrediten mit vernünftigen Zinssätzen. Für die Bank ist das trotzdem ein lohnendes Geschäft. ICICI ist die zweitgrößte indische Bank mit 9,8 Millionen Konten und Assets in Höhe von 22 Milliarden US-Dollar. Der Bereich Mikrofinanzierung erwirtschaftete im Jahr 2004 bereits 5 Prozent der gesamten Bankerträge.

Zukunftstipp

> Erkennen Sie das Potenzial am unteren Ende der globalen Reichtumspyramide. Wenn Sie in den Aufsteigermärkten der Zukunft festen Grund unter den Füßen bekommen wollen, dann gelingt das am besten mit Leistungen, die über Ihr Kernprodukt oder Ihren Kernservice hinausgehen. »Empowerment« heißt, die Situation der Menschen nachhaltig zu verbessern. Dazu braucht es Verständnis für ihre konkrete und emotionale Lebenssituation, intelligente Partner und neue Geschäftsmodelle.

Das Prinzip »Gruppe« im Internet-Banking

Interessanterweise finden sich einige Elemente dieser indischen Erfolgsstory in westlichen Industrienationen wieder. Schon seit geraumer Zeit gibt es im Internet Plattformen für den Direktverleih von Geld. Der englische Geldverleiher Zopa war einer der ersten. Zopa schaltet den traditionellen Mittelsmann, also die Bank, aus, und vermittelt direkt zwischen Kreditgebern und Kreditnehmern. Um das Risiko zu minimieren, vermittelt das Unternehmen hierbei keine 1:1-Geschäfte von Person zu Person, sondern streut ein Darlehen auf ungefähr 50 Kreditnehmer. Zahlt ein Kunde nicht, so werden die Außenstände in der herkömmlichen Art eingetrieben. Zopa lebt von einer 1 Prozent-Provision, die der Darlehensnehmer zahlt, und hat heute über 75 000 Kunden.

Prosper, eine jüngere US-Plattform, arbeitet ähnlich wie Zopa, aber hier wird noch mehr soziales Potenzial gehoben, ähnlich wie wir das schon bei der indischen Bank gesehen haben. Kreditgeber und -nehmer sind in Gruppen organisiert. Gruppensprecher bestätigen die Authentizität ihrer Mitglieder, jede Gruppe dokumentiert ihre Zahlungsmoral und Termintreue, und wenn ein Mitglied nicht pünktlich zahlt, sinkt die Kreditwürdigkeit der gesamten Gruppe. Das Businessmodell sieht wie folgt: das Internet als kostengünstiger Vertriebskanal, Prosper als Makler, Festlegung der Geschäftskonditionen, also des Zinssatzes, durch eine Auktion, Hebung des sozialen Potenzials der Gruppe.

Eine Win-Win-Situation für alle Beteiligten

Zopa und Prosper zielen auf ein »Win-Win«: Für die potenziellen Kreditgeber erschließt sich über ihre Systeme eine Einnahmequelle durch bessere Zinssätze als im traditionellen Bankgeschäft, und für die Kreditnehmer besteht die Chance, an ein Darlehen zu kommen, das man ihnen auf dem klassischen Weg möglicherweise verweigert hätte (siehe Basel II). Und der Erfolg scheint den beiden Recht zu geben. Über Prosper wurden bis dato 1 500 Kredite mit einem Darlehensvolumen von über 7 Millionen US-Dollar finanziert. Unterstützt wird Prosper übrigens von Pierre Omidyar, dem Gründervater von ebay. Und der weiß, wie man mit kleinen Umsätzen große Geschäfte macht.

Praxis-Check

Empowerment-Business – so gehen Sie es an:
Die Voraussetzung für Empowerment-Business ist der komplette Wechsel der Perspektive. Extrem ausgedrückt erfordert die Aufgabe, dass Sie Ihre Marketingabteilung mit Anthropologen, Ethnologen und einem Mitglied von *Brot für die Welt* besetzen.

Schritt 1: Stimmt die Passung? Prüfen Sie, ob Ihr Produkt beziehungsweise Ihre Dienstleistung den richtigen »Fit« für Aufsteigermärkte hat. Denken Sie zum Beispiel an Faktoren wie extreme klimatische Bedingungen, unzuverlässige Stromversorgung, Erreichbarkeit und Mobilität der potenziellen Nutzer, bis zu deren Alphabetisierungsgrad. Passt das Produkt zur Kultur des jeweiligen Ziellandes? Das kann von religiösen Gewohnheiten bis zu den Tischsitten reichen.

Schritt 2: Das Marktpotenzial einschätzen. Ist das Marktpotenzial ausreichend groß, aber auch stetig?

Schritt 3: Welche Menschen oder Organisationen können Ihnen dabei helfen, Einblick in die alltäglichen Nöte und Probleme der potenziellen Zielgruppe zu gelangen? Die Zusammenarbeit mit NGOs kann Ihnen in diesem Zusammenhang wertvolle Erkenntnisse und Beiträge liefern.

Schritt 4: Verwechseln Sie Marketingaussagen nicht mit der Schaffung tatsächlicher Win-Win-Situationen. Definieren Sie klar und messbar, wodurch Sie welchen Nutzen stiften.

Schritt 5: Passen Sie Ihr Geschäftsmodell an. Es muss sich rechnen und den Erfordernissen Ihrer potenziellen Klientel entsprechen.

Innovationsstrategie 5: Navigation – eine Antwort auf die überbordende Komplexität der Märkte

Erinnern Sie sich? Es begann in den 80er Jahren des letzten Jahrhunderts. Für Anbieter wurden die Märkte etwas ungemütlich, denn globale Wettbewerber und smarte Kunden traten auf den Plan. Die Ära des Massenkonsums neigte sich ihrem Ende, und Unternehmen mussten erfinderisch werden. Ein »Big Bang«, eine lange Phase der Diversifikation setzte ein. Die Sortimente explodierten. Zwischen 1985 und 1989 wuchs die Zahl der Produkte zum Beispiel in den USA um 60 Prozent Das Marketing gewann an Bedeutung als Entdecker immer neuer Konsumbereiche.

Der Kfz-Markt zum Beispiel, einst einfach unterteilt in Pkw und Lkw, begann in unzählige Segmente zu zerfallen: Vans, Roadster, Boxter, City Cars, Fun Cars, Geländewagen, Pick-ups, Limousinen – eine Liste, die heute nahezu täglich erweiterbar ist. Hinzu kommt das Wirrwarr der Distributionskanäle: Der klassische Kfz-Händler wird bedrängt durch den Onlineverkauf, durch preisgünstige Re-Importe und Autowarenhäuser mit breitem Markenportfolio wie Virgin Cars in Manchester; Tchibo, Aldi und der Rest der Discountwelt ergänzen das Chaos.

Immer mehr muss nicht immer besser sein

Um den Ansprüchen des modernen, hoch individuellen Konsumenten gerecht zu werden, werden die Märkte immer fragmentierter und wandeln sich zu hoch komplexen Systemen. Und genau das trifft den zeitknappen Konsumenten auf dem falschen Fuß. Die eigentlich vom Kunden gewollte Vielfalt durch Individualisierung empfinden viele Menschen nur noch als gigantische Komplexitätsfalle. Die individualistischen Märkte beginnen, die individuellen Kunden zu nerven. Bei ihnen entsteht das tiefe Bedürfnis nach Orientierung, Vereinfachung und Vertrauen. Im Folgenden zeigen wir Ihnen, wie sich diese Kundenbedürfnisse in Geschäftsmodelle umsetzen lassen.

Woot – das Ende der Auswahl

Eine Strategie, auf den Kundenwunsch nach Vereinfachung zu reagieren, ist die Reduktion des Sortiments. Bei www.woot.com, einem US-amerikanischen E-Commerce Shop, der seit Sommer 2004 am Markt ist, gibt es nur ein Produkt pro Tag, nur »Musthaves« und nur Preisknüller. Pünktlich um Mitternacht sitzen tausende von Interessenten vor ihren Bildschirmen und warten auf die Freigabe des neuen Artikels, denn wer zuerst klickt, kauft zuerst. Auch in unseren Breitengraden und im physischen Handel werden die Sortimente massiv reduziert. Bei den Versandhändlern des Karstadt-Quelle-Konzerns um 30 Prozent, bei manchen Baumärkten wie Praktiker von ungefähr 300 000 auf knapp 40 000 Artikel – mit positivem Ergebnis.

Amazon – der Navigationspionier

Eine andere Strategie, um auf das Kundenbedürfnis nach Orientierung, Vereinfachung und Vertrauen zu reagieren, fährt Amazon, der Netzhändler für Bücher, DVDs, Software und Elektronik. Amazon arbeitet in einem hochkomplexen Markt. Abertausende Neuerscheinungen bei Büchern, CDs und DVDs überschwemmen jährlich den Markt, allein in seinem Buchsortiment führt Amazon über drei Millionen Titel. Aber Amazon gibt Orientierung, ist ein Meister der Navigation.

Durch verschiedene Systeme bringt Amazon Ordnung in den Angebotsdschungel: Amazon arbeitet mit Rankings, also Ranglisten. Beim Buchsortiment werden dem Kunden die »Hot 100 Bücher«, die »Neuheiten«, die »Preishits«, die »Themenwelten« und natürlich auch die »Spiegel-Bestsellerliste« als Orientierungswerkzeug angeboten. Diese Ranglisten bieten Wege aus dem Chaos der Unübersichtlichkeit, und sie sind nah am Puls der Zeit: Einige werden stündlich upgedatet.

Um ein größeres Maß an Objektivität zu erreichen, nutzt Amazon auch das Feedback der eigenen Kunden als Navigationshilfe für andere Kunden. Bei Amazon sind Millionen von Kundenrezensionen hinterlegt. Durch ein Sterne-System à la Guide Michelin entsteht so ein Rating für alle Produkte. Und gerade die kritischen Kundenmeinungen erhöhen die Glaubwürdigkeit des Systems und schaffen Vertrauen.

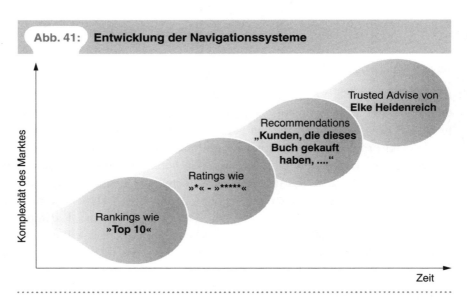

Abb. 41: Entwicklung der Navigationssysteme

Der geniale Businesskern von Amazon jedoch sind »Buyographies«, die Kaufbiografien der Kunden. Amazon gilt als Erfinder des »kollaborativen Kundenfilters«. Der Onlinehändler hat Methoden entwickelt, die es erlauben, durch die systematische Speicherung und Auswertung der Kaufentscheidungen tausender Kunden Kaufmuster zu erkennen. Und diese setzt Amazon ein, um Voraussagen über die Geschmacksvorlieben einzelner anderer Kunden zu treffen. Als Amazon-Kunde werden Sie den Schlüsselsatz kennen: »Kunden, die dieses Buch gekauft haben, haben auch diese Bücher gekauft...« So entstehen sehr persönliche Empfehlungslisten, die der Kunde durch eigene Kommentierung immer weiter perfektionieren kann.

Die nächste Generation der Navigation

Empfehlungen können allerdings auch ihre Tücken haben, denken Sie nur an den letzten Restauranttipp aus dem Freundeskreis. Google, die Super-Suchmaschine, schlägt sich mit einem vergleichbaren Problem herum. Ein Gedankenexperiment: Stellen Sie sich vor, Frau Musterfrau sei Ärztin. Je mehr Leute sie empfehlen, desto besser wird sie wohl sein. Je mehr Leute auf ihre Webseite verweisen, umso höher wird sie von Google gerankt. Aber die Meinung über die Qualität der Ärztin hängt ja auch von der Qualität des Empfehlenden ab. Es ist ein Unterschied, ob ein Kollege sie empfiehlt, ein Patient, eine Sprechstundenhilfe, ein Pharmavertreter oder ein Bestattungsunternehmer.[42]

Eine neue Generation von Navigationshilfen wird die Menschen hinter den Empfehlungen in den Vordergrund stellen, ihre Kompetenz, ihre Geschichte, ihren Job, vielleicht sogar ihre politischen Einstellungen – bei Suchmaschinen, Kundenfeedback-Seiten und Handelsportalen. Die kollaborativen Kundenfilter werden in diesem Prozess persönlicher, qualitativ besser und transparenter, sie werden zu Instrumenten des »Trusted Advise«, zu Empfehlungssystemen des Vertrauens. Diese Navigationshilfen der nächsten Generation haben schon heute unseren Alltag erobert. Denken Sie nur an die Brigitte-Buchedition – handverlesen von Elke Heidenreich, den Kanon der deutschen Literatur – ausgewählt von Marcel Reich-Ranicki oder die Playlists des Trendmagazins *Neon*.

Zukunftstipp

Darauf sollten Sie sich einstellen.

Marketing der Zukunft ist eine zweifache Herausforderung: Es geht eben nicht mehr nur darum, mehr Kauf*möglichkeiten* zu schaffen, sondern darum mehr Kauf*entscheidungen* herbeizuführen. Die Kunst besteht darin, den Kunden mit seinen individuellen Wünschen abzuholen und ihm gleichzeitig Orientierungshilfen im Dschungel der Märkte anzubieten. In diesem Prozess werden Unternehmen zu »Marktführern« im wahrsten Sinne des Wortes.

Der Konsument zwischen Ignoranz und Begeisterung

Inzwischen haben wir den Konsumenten des 21. Jahrhunderts als zeitknapp und etwas konsumüberdrüssig kennengelernt, immer auf der Suche nach Möglichkeiten, dem Stress der Märkte zu entkommen. Trotzdem gibt es im Konsumverhalten der meisten Menschen »soft spots«, Bereiche, in denen sie schwach werden. John Quelch, Managementtheoretiker der Universität Harvard, unterscheidet deshalb zwei Konsumarten:

1. Die überwältigende Mehrheit der alltäglichen Konsumentscheidungen fällen Menschen ziemlich leidenschaftslos, Quelch nennt das den »low-interest-Konsum«; man denke an die Beschaffung von Socken, Mehl oder Kopierpapier. Bei Käufen dieser Art zählen vor allem Preis und Convenience, also eine bequeme Art der Beschaffung.

2. Bei maximal einer Hand voll anderer Konsumentscheidungen jedoch entwickelt sich der Konsument zum »Prosument«, er ist Experte, Liebhaber, Connaisseur. »Er« hat ein Faible für Oldtimer, Zigarren oder High-end-HiFi-Anlagen, »sie« zückt bei bestimmten Modelabels, moderner Kunst oder Wellnessoasen willig ihre Kreditkarte. Prosumenten sind offen für Neuigkeiten, investieren beträchtlich Zeit und tauschen sich untereinander aus. Genau um diese Prosumenten dreht sich die Ökonomie des »Long Tail«.

In Abbildung 42 sind die Nutzungszahlen des amerikanischen Music Streaming Shops Rhapsody (also Downloads von Musik) abgetragen. Rhapsody hat über 735 000 Titel im Sortiment. Der gepunktete Bereich ist das Standard-Inventar, die Hits, die sich auch für einen Handelsriesen wie Wal-Mart rentieren. Was danach folgt, diese unendlich lange gelbe Kurve, das sind die »Misses«, die Nicht-Hits, von denen unzählige mit kleinen Stückzahlen abgefragt werden. Das Muster der Verkaufskurve, die so entsteht, nennt der amerikanische Ökonom Chris Anderson »The Long Tail«[43], ein unendlicher sehr dünner »Rattenschwanz« von Verkäufen. Die Welt des Onlinehandels dreht unsere gewohnte Denke um. Fast alle Onlineprodukte werden von irgendeinem Menschen in jedem Monat mindestens einmal gekauft. Wenn man den Geschmack der Menschen von der Leine der Marketingindustrie lässt, bewegt er sich weg vom Mainstream. Insbesondere dann, wenn die Amazon-Beschwörungsformel einsetzt, der kollaborative Kundenfilter mit dem Schlüsselhinweis »Kunden, die diese CD gekauft haben, ...«.

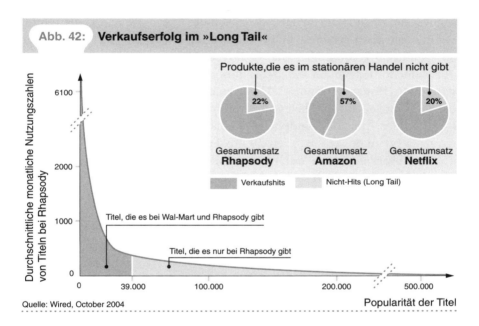

Abb. 42: Verkaufserfolg im »Long Tail«

Mit diesen Nicht-Hits ist eine Menge Geld zu machen. Und zwar nicht nur bei rein digitalen Unternehmen beziehungsweise Produkten wie Netflix (DVDs) oder Apple (i-Tunes), die digitale Produkte online vermarkten, sondern auch bei halbdigitalen wie Amazon, die nicht-digitale Produkte online vertreiben. Ein Mitarbeiter von Amazon formuliert das so: »We sold more books today that didn't sell at all yesterday than we sold today of all the books that did sell yesterday.«[44]

Ein guter US-Buchhändler wie Barnes & Noble hat 130 000 Titel im Sortiment. Amazon dagegen macht 57 Prozent seines Geschäfts mit Titeln, die im »Long Tail« hinter den Top 130 000 liegen. Das heißt, eine normale »Real world«-Buchhandlung tummelt sich nur in der kleineren Hälfte des Marktes! Den Löwenanteil des Bedarfs kann sie gar nicht bedienen. Der Markt, der sich außer Reichweite der physischen Händler befindet, ist groß und wächst.

Das Ende des »Pareto-Prinzip«

Die 80:20-Formel des italienischen Ökonomen Vilfredo Federico Pareto (1848–1923) ist in unserem Gehirn fest »verdrahtet«. Aus Erfahrung wissen wir, dass sich Dinge in der realen Welt der Geschäfte und Lager rentieren müssen, sonst gehen sie unter – 80 Prozent aller Filme, 80 Prozent aller Songs und 80 Prozent aller Bücher floppen. Wenn der oben beschriebene »Prosument« jedoch auf die grenzenlose Angebotswelt des Internet trifft, wird dieses Prinzip erschüttert. Denkt man darüber nach, wie viel Prozent der Produkte eines typischen Online-Shops im Medienbereich wie Netflix, i-Tunes oder Amazon mindestens einmal im Monat gekauft werden, ist man geneigt zu denken, es seien 20 Prozent.

Die Abverkaufskurve des »Long Tail« beweist das Gegenteil beziehungsweise, dass es sich sehr wohl lohnen kann, auf die 80 % Nicht-Hits zu setzen. Am besten kann man den »Long Tail« mit digitalen Produkten ausschöpfen, denn dann gehen Produktionskosten, Lagerkosten, Verpackungskosten und Distributionskosten gegen Null. Aber wie Amazon zeigt, sind auch kleine, unverderbliche physische Produkte für den »Long Tail« geeignet.

Die 80:20-Ökonomie der Hits war eine der Restriktionen des physischen Handels; es gab nicht genug Platz, um jedem das Seine anzubieten. Die Ökonomie der »Misses« ist eine des Überflusses. Sie entspricht dem hoch-individualistischen Konsumenten in idealtypischer Weise, auch die letzte subkulturelle Nische kann erreicht und bedient werden. Allerdings nur, wenn geeignete Navigationssysteme den potenziellen Kunden auf dem Weg zu den Objekten ihrer mannigfachen Begierden begleiten.

Praxis-Check

Navigation – so gehen Sie es an:
Schritt 1: Ordnung durch Rankings und Erstellen der »Top Ten«.
Nutzen Sie bereits vorliegende Unternehmensdaten als Navigationsinstrumente. Entwickeln Sie Rennlisten aus Ihrer Verkaufsstatistik und generieren Sie daraus zum Beispiel die Top Ten.
Schritt 2: Ordnung durch Ratings, also Bewertungssysteme für Kunden.
Lassen Sie es nicht dabei bewenden. Werden Sie spezifischer und empathischer, empfehlen Sie beispielsweise die »Top Simplify«, die am einfachsten zu bedienenden Mobiltelefone, Waschmaschinen oder Videorecorder, oder »Female Winners« bei Bohrmaschinen oder Digitalkameras.
Schritt 3: Aus dem Kundenfeedback Verkaufshilfen machen.
Schaffen Sie ein Feedbacksystem für Kunden auf Ihrer Internetseite. Bedenken Sie, dass das Feedback nicht für Sie als Anbieter da ist, sondern als Orientierungssystem für andere Kunden.

Kapitel 5

Der Dreisprung: Megatrends – Wertewandel – Neuer Konsum

Wer sich mit den Megatrends beschäftigt, erhält entscheidende Fingerzeige darüber, wie wir in Zukunft leben werden, wie sich die Branchen und Märkte in der Zukunft verändern und was in unserer Gesellschaft wichtig und was weniger wichtig wird. In diesem Kapitel möchten wir Ihnen zeigen, wie sich Trends und Megatrends bis tief in unser Wertebewusstsein hinein manifestieren, bestimmte Werte verändern und Konsumbewusstsein umgestalten. Als Beispiel haben wir dafür den Lifestyle of Health and Sustainability (LOHAS) ausgewählt, einen Lebensstil, bei dem sich vieles um Gesundheit, Nachhaltigkeit und neue Werte im Konsum dreht.

Megatrends und Wertewandel schaffen neue Konsumlandschaften

Werte und Wertewandel unterliegen direkt dem Einfluss von Megatrends. Sie werden aber auch noch von anderen gesellschaftliche Faktoren bestimmt. Um den Wertewandel in der Gesellschaft beschreiben zu können, muss zunächst geklärt werden, wie Werte entstehen und warum sie für die Zukunft unserer Gesellschaft so wichtig sind:

- Werte prägen Lebensformen, Wirtschaft, Konsum und Marketing nur indirekt. Werte sind der Kitt, der unsere Gesellschaft zusammenhält, gleichzeitig kann Werteprägung nicht durch Recht, Politik oder Wirtschaft ersetzt werden.[45]
- Werte dominieren unseren Alltag viel unmittelbarer als etwa Politik oder Rechtsprechung, weil sie uns Regeln auferlegen, nach denen wir entscheiden, was gut oder böse, wahr oder falsch, akzeptabel oder inakzeptabel ist.

- Werte sind insofern konservativ, als sie uns einschränken und definieren, was zulässig ist und was nicht. Werte setzen Tabus, nehmen moralische Bewertungen vor und definieren dadurch aber auch ganz stark, was unsere Gesellschaft an Neuem, Innovativem und Ungewöhnlichem »akzeptiert« – oder eben nicht.
- Werte unterliegen einem stetigen Wandel durch Trends und andere gesellschaftliche Veränderungsprozesse. Am Wandel der Werte lässt sich deshalb auch viel über den Wandel von Lebensstilen und Konsumbedürfnissen ablesen. Wertewandel ist, mit anderen Worten, ein wichtiger Ratgeber bei der Analyse von Trends.

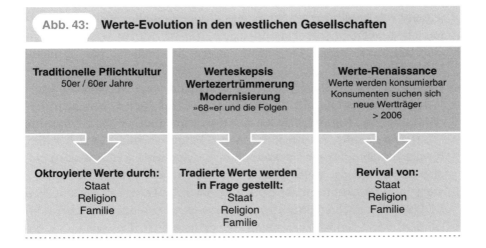

Abb. 43: Werte-Evolution in den westlichen Gesellschaften

Welche Werte Menschen bevorzugen, welche Werte an Bedeutung verlieren, wo und vor allem warum sich die Renaissance bestimmter Werte vollzieht – alles das ist wichtig, um neu entstehende und sehr komplexe Lebensstiltrends wie den LOHAS-Trend, den wir Ihnen jetzt näher erläutern möchten, zu verstehen.

LOHAS – Was ist das?

LOHAS sind keine Zielgruppe im klassischen Sinne, sie verkörpern einen neuen Lifestyle, der die Konsummärkte in den nächsten Jahren revolutionieren wird. Bevor wir im Folgenden mit der Überlegung starten, wie man den LOHAS-Trend in seinen sozioökonomischen Wurzeln genauer verstehen kann, zunächst vier entscheidend wichtige Definitionen:

- Die LOHAS sind ein »Ageless-Phänomen«: Wir finden sie praktisch in allen Alterskohorten zwischen 20 und 90 Jahren.
- Sie lassen sich auf keine besondere soziale Schicht oder ein isoliertes Milieu festlegen.
- Die LOHAS, wie sie von Paul Ray erstmals definiert wurden, haben ihre Alphatiere in der Regel in der akademischen Elite – der Trend hält sich aber keineswegs ausschließlich in den höheren Bildungsschichten auf.
- Die LOHAS sind im engeren Sinne keine Neo-Alternativen oder »Neo-Ökos«, wie Roland Tichy sie im *Handelsblatt* bezeichnet.[46] Sie leben jenseits von Subkulturen und außerhalb ideologischer Welterklärungsmodelle und Glaubensbekenntnissen.
- Und last but not least: LOHAS definieren ihr Handeln, Sein, Denken, Fühlen und Konsumieren über einen positiven Bezug auf Werte. Im Gegensatz zu den Vorgängergenerationen lassen sie sich Werte nicht oktroyieren. Werte sind für die LOHAS kein Schicksal. Werte müssen zustimmungsfähig und in den eigenen Lebensstil integrierbar sein. Relevante Werte wie Familie, Spiritualität, Moral, Verantwortung für sich selbst, für den anderen, für die Umwelt, Naturbezug und so weiter werden von den LOHAS in der Regel positiv bewertet (und als Anspruchshaltung auch in der Konsumsphäre geltend gemacht). Werte werden von den LOHAS aber auch selektiv angeeignet, sie werden tendenziell eher konsumiert, was grundsätzlich nichts Verwerfliches ist. Das wiederum bedeutet aber, dass auch ihre »Konjunktur« beziehungsweise ihre Lebenszeit sehr beschränkt sein kann. Eine weitere Konsequenz: Werte suchen die LOHAS immer stärker auf den Märkten und im Konsum (vom spirituellen Ratgeber bis ökologisch korrekten Schwarzwaldschinken). Damit unterliegt der Wertekonsum der LOHAS wiederum sehr stark Beeinflussungen durch Trends und Megatrends.

Auf den Punkt gebracht

»Selbstverantwortung ist die beste Solidarität.«
Gerhard Kocher, Gesundheitsökonom

Abb. 44: **Wertewandel:** Von der bürgerlichen Pflichtkultur zum LOHAS Lifestyle

Von der Einflussmacht des Megatrends Individualisierung

Trends sind das Resultat komplexer sozioökonomischer Prozesse. Trends setzen Wertewandelprozesse in Gang und führen dazu, dass im Konsum neue Prioritäten gesetzt werden. Um einen Trend dingfest machen zu können, reicht es längst nicht mehr aus, Konsumbedürfnisse nach den herkömmlichen Kategorien Alter, Geschlecht und Schichtzugehörigkeit zu analysieren. Zu Recht wird schon seit dem Ende der 90er Jahre behauptet, dass der fortschreitende Prozess der Individualisierung das Denken in Zielgruppenschemata wirkungslos gemacht hat. Mit anderen Worten: Wo sich nahezu jeder Konsument als einzigartig empfindet, wird die Suche nach homogenen Käuferschichten und typisiertem Konsumverhalten zur Sisyphosarbeit.

Die Geschichte des Megatrends Individualisierung beschreibt einen fundamentalen Wandel in unserer Gesellschaft. Resultierend aus den Modernisierungsprozessen zu Beginn des 20. Jahrhunderts hat Individualisierung mit großem Einfluss die Lebensweisen und Konsumbedürfnisse der Menschen in der gesamten zweiten Hälfte des 20. Jahrhunderts geprägt. Und dieser Einfluss ist bis heute spürbar und wird zweifellos auch in den nächsten 20 Jahren von großer Bedeutung sein.

Die Erläuterung und Definition des Megatrends Individualisierung soll unserer Trendanalyse und der Annäherung an die LOHAS eine Grundlage sein:

Definition 1: Individualisierung markiert die Emanzipation des Einzelnen gegenüber Religion, Staat und den Märkten. Die Institution Kirche gibt immer weniger vor, was der einzelne zu glauben hat und wo seine Überzeugungen liegen. Staat und Gesellschaft treten tendenziell stärker in den Hintergrund und beeinflussen weniger die Lebensentwürfe der Menschen.

Die Konsequenz: LOHAS sind individuelle Konsumenten mit hochindividualisierten Ansprüchen an Produkte und Dienstleistungen. Konsum muss ihnen neue (Genuss-)Erfahrungen ermöglichen, und er muss politisch korrekt sein.

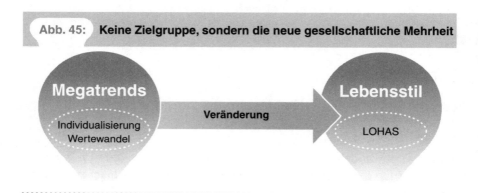

Abb. 45: **Keine Zielgruppe, sondern die neue gesellschaftliche Mehrheit**

Definition 2: Individualisierung stützt maßgeblich die Emanzipation der Frauen aus der Rolle der familiären Versorgerin, Kinderbetreuerin und Hausfrau. Eigene Erwerbstätigkeit lässt neue Bedürfnisse in neuen Lebensphasen entstehen. Viele Frauen wählen eine Phase der beruflichen Etablierung und Selbstverwirklichung, bevor sie sich mit Familiengründung beschäftigen. So agieren viele von ihnen zwischen 20 und 30 Jahren als taktische Singles oder Singles auf Abruf. Dabei entwickeln sie mitunter hohe Lebensstandards und Servicebedürfnisse.

Die Konsequenz: Der LOHAS-Trend wird stark von Frauen geprägt, die mit Vorliebe mit guten Gewissen konsumieren. Gleichzeitig erwarten sie intensive Unterstützung von Dienstleistungen bei der Bewältigung des Alltags.

Definition 3: Individualisierung ist verantwortlich für die Explosion der Wünsche und Bedürfnisse. Der einzelne »delegiert« Unterstützungsdienstleistungen, die vormals Familie und Kollektiv erfüllten, an den Markt. Darüber hinaus verfeinert er seine Konsumwünsche und richtet sie nach Situation, Zeitbudget und Lust und Laune aus.

Die Konsequenz: Da die LOHAS in der Regel über ein knappes Zeitbudget verfügen, sind sie an Zeitsparprodukten wie Convenience-Artikeln interessiert. Andererseits streben sie nach maximalem Genuss, der aber am besten auch gesund und nachhaltig sein sollte.

Definition 4: Individualisierung führt zu einer Diversifikation der Lebensentwürfe. Dafür gibt es den Begriff »Segment of one«: der individualisierte moderne Käufer wird zur Zielgruppe seiner selbst. Er setzt seine Bedürfnisse als derart einzigartig und komplex, dass Massenprodukte und vor allem Massenmarketing keine adäquaten Lösungen mehr bieten.

Die Konsequenz: LOHAS gibt es nicht nur in der akademischen Schicht, LOHAS sind ein schichtenübergreifendes Phänomen. Was sie allerdings eint, ist der Wunsch, ein selbstbestimmtes und autonomes Leben zu führen.

Abb. 46: **LOHAS und das Ende der Massenmärkte**

	Massenmarketing:	LOHAS-Marketing
Konsument	passiv, Massenartikel, Überredungs-Marketing	aktiv-prüfend, Ich-Produkte, Beziehungsmarketing
Selbstbild	„Ich möchte sein wie alle!"	„Ich möchte einzigartig sein!"
AV-Nutzung	klassisches Fernsehen, nationale Vollprogramme	Digital-TV, Personal Videorecorder, DVD, MP3
Print-Nutzung	Nationale Meinungsmacher: Spiegel, Stern, FAZ	Persönliche My-Magazines, Nischentitel mit enger Leserbindung
Werbeaffinität	Jeder kennt Clementine	Der Markt kennt meine persönlichen Bedürfnisse
Markenpolitik	Herrschaft der Megamarken	Mass Customization, die Marke als Lebensbegleiter

Mit Individualisierung und Wertewandel sind zwei der wichtigsten Veränderungsparameter benannt, die die Lifestyle-Revolution der LOHAS prägen. Da es sich bei den LOHAS um die »gesunden Genießer« handelt, ist es für eine weitergehende Analyse natürlich wichtig, auch den Megatrend Gesundheit zu berücksichtigen. Doch die Bedeutung dieses Megatrends für die LOHAS ist ohnehin naheliegend.

Praxis-Check

Wie LOHAS-fähig ist Ihr Unternehmen? Machen Sie den Test und finden Sie Antworten auf die folgenden Fragen in Abbildung 47:

Abb. 47: Wie LOHAS-fähig ist Ihr Unternehmen?
Arbeitsvorlage

A) Welche **klassischen** Merkmale berücksichtig der **Zielgruppenzuschnitt** meines/unseres Angebots?	Alter Familienstand Einkommen	Frauen/Männer Bildung
B) Welche **neuen** Merkmale bzgl. **Lebensstil, Werteorientierung, Einstellungen** könnten zusätzlich wichtig sein? (z.B.)		
C) Betrachten Sie A und B. Zur **Optimierung Ihrer Zielgruppenansprache**, was davon sollte künftig stärker berücksichtig werden, was ist eher zu vernachlässigen?		
D) Welche **zentralen Werte** sind mit meinem/unserem Angebot verbunden?		
E) Welche **Konsumentenbedürfnisse** sollen mit meinem/unserem Angebot befriedigt werden?		
F) Welche neuen Konsumentenbedürfnisse könnten möglicherweise stärker relevant sein?		
G) Wie kann mein/unser Angebot stärker mit Aspekten von Gesundheit, Nachhaltigkeit, Ethik verknüpft werden?		

Wenn Sie sich mit einer Produktinnovation beschäftigen oder neue Kundengruppen erschließen möchten, schauen Sie auf die Megatrends und analysieren Sie genau, wie sich die für Ihr Vorhaben wichtigsten Megatrends aktuell entwickeln. Am Beispiel der LOHAS wird deutlich, dass sich jede neue gesellschaftliche Elite oder eine neue Lifestyle-Avantgarde immer an der Schnittstelle von bestimmten Megatrends und Wertewandelprozessen erkennen und definieren lässt.

LOHAS – die neue Super-Zielgruppe

Der LOHAS-Trend hat in den vergangen zwei bis drei Jahren hierzulande eine erstaunliche Medienkarriere gemacht. Das Zukunftsinstitut arbeitet seit 2003 mit dieser Super-Zielgruppe. Der amerikanische Soziologe Paul Ray spricht für den amerikanischen Markt von einem Umsatzvolumen von insgesamt 230 Milliarden Dollar, die künftig in der LOHAS-Industrie zu verdienen sind. Allerdings ist es eine solch komplexe Aufgabe, diesen neuen Lebensstil zu beschreiben, dass sich das entlang der ausgetretenen Pfade der Marktforschung nicht bewerkstelligen lässt. Die LOHAS sind, mit anderen Worten, in ihrer komplizierten und mitunter paradoxalen Struktur nur mit einem Instrumentarium zu beschreiben, dass diese Komplexität in sich aufzunehmen und zu verstehen vermag. Wer also den ganzheitlichen Blick mit uns hier nachvollzieht, wird das 230-Milliarden-Dollar-Phänomen erst richtig verstehen.

Abb. 48: Fair-Trade – das Business der Zukunft

Das Buch, das Ray zusammen mit der Psychologin Ruth Anderson im Jahr 2000 geschrieben hat, trägt den Untertitel *How 50 Million people are changing the world*.[47] Ray und Anderson bezeichnen diese hybriden Konsumenten als »Cultural Creatives« oder eben allgemeiner als LOHAS (Lifestyle of Health and Sustainability). Ihr Aufkommen in den USA schätzen sie auf rund 50 Millionen Menschen (Erwachsenenbevölkerung in den USA über 15 Jahre: 219 Millionen) – ein kleines Frankreich, getragen von kreativen, verantwortungsbewussten, gesundheitsorientierten und Genuss suchenden Menschen. Wir gehen davon aus, dass die LOHAS mittlerweile auch mindestens ein Drittel der Bevölkerung in Deutschland ausmachen.

Wir möchten Ihnen jetzt zeigen, wie mit der Kenntnis dieser Megatrends dieser höchst einflussreiche Lebensstiltrend analysiert werden kann. Denn die LOHAS sind keine herkömmliche Zielgruppe, sondern eine neue gesellschaftliche Mehrheit, die auf Werte setzt.

Die Sowohl-als-auch-Ethik der LOHAS und warum sie sich herkömmlichem Zielgruppen-Denken entziehen

In der Lebensphilosophie der LOHAS verschmelzen Werte, die noch bis vor Kurzem als konträr und einander widersprechend wahrgenommen wurden. LOHAS leben eine Sowohl-als-auch-Ethik:

- Postmaterialistische Lebensphilosophie: Die moralischen Hedonisten unserer Zeit sind lebensbejahend und werteorientiert – ohne mit dem Zeigefinger zu argumentieren.
- Gesunder Genuss: LOHAS orientieren sich am unmittelbaren körperlichen Wohlfühlbedürfnis *und* an einer neuen, ideologiefreien Begegnung mit der Natur.
- Time poor, money rich: Konsum muss heute helfen, Überkomplexitäten nachhaltig zu reduzieren. LOHAS sind höchst aufgeschlossen für Serviceangebote.

Auf den Punkt gebracht

»Die Verantwortung beginnt genau dann, wenn man keine Gewissheit mehr hat.«

Jacques Derrida, französischer Philosoph (1930-2004)

LOHAS durchschauen die Methoden des persuasiven Marketings. Dabei sind sie keineswegs Konsumverweigerer. Allerdings verlangen sie Transparenz und Klarheit in der Ansprache. Begriffe wie *traditionell versus konservativ* oder *links versus rechts* verlieren bei ihnen ihre Aussagekraft. LOHAS sind »traditionell«, insofern sie sich auf (überlieferte) Werte berufen und Werthaltigkeit einfordern. Sie sind im gleichen Zug jedoch »modern«, insofern sie technologischen Fortschritt unideologisch befürworten. Einzige Einschränkung: Dieser Fortschritt muss ökologisch und politisch korrekt sein und den Menschen dienen. Nur dann lässt sich überhaupt von Fortschritt sprechen.

Auf den Punkt gebracht

»LOHAS sind intensive Leser und kaufen mehr Bücher als durchschnittliche Amerikaner. Sie sehen weniger fern, weil sie die meisten TV-Sendungen nicht mögen und die Qualität der Nachrichtensendungen bedenklich finden. Werbung und Kindersendungen lehnen sie ab. Kulturell Kreative/LOHAS setzen sich aktiv mit Kunst und Kultur auseinander, als Amateure und als Profis. In dem Streben nach Authentizität lehnen sie schlechte Qualität und Wegwerfartikel ebenso ab wie den Markenwahn.«

Paul Ray, amerikanischer Soziologe

Wieso klassische Parameter der Marktforschung bei den LOHAS nicht greifen

LOHAS, das sollte deutlich geworden sein, bieten ein enormes Zukunftspotenzial. Sie lassen sich allerdings nicht aufgrund klassischer Zielgruppenberechnungen begreifen und nicht mit einfachen Marketingtricks überzeugen. Der Hauch der Verzweiflung, der angesichts dieser und ähnlicher holistischer Lebensstile über den Zahlenkalkulationen der Markt- und Mediaforscher liegt, ist zurückzuführen auf die steigende Komplexität unserer Wünsche und Bedürfnisse. Wir verstehen die Konsumenten einfach nicht mehr, wenn wir, wie noch zu Hochzeiten des Massenkonsums, Menschen nach Altersklassen, Einkommensgruppen und so weiter einzuteilen versuchen. Damit liefern wir Werbung, Industrie (und vielleicht auch noch den Medien) formale Unterscheidungen. Doch diese Unterscheidungen sind angesichts eines Phänomens wie den LOHAS inhaltslos und leer geworden.

Schauen wir uns einige Beispiele an, die belegen, dass sich beispielsweise mit Alterseinteilungen nur schwer erhellende Aussagen über den Konsumenten von morgen treffen lassen. Trends entwickeln sich mitunter diametral entgegengesetzt zu den klassischen Alterszuschreibungen. Betrachten wir nur die Probleme bei der Beschreibung der so genannten Best Ager beziehungsweise Golden Generation. Welchen Sinn macht es, händeringend nach einer einheitlichen Alterskohorte oder gar einer Generation zu suchen, wenn sich die Mehrzahl der Konsumenten den eigenen Lebensentwurf überhaupt nicht mehr nach Altersgesichtspunkten einrichtet? Wem nützt eine Marktforschung, die über Menschen jenseits der 50 Jahre berichtet, die ihrerseits ihren Lebensentwurf überhaupt nicht mehr über Alterszuordnungen planen? Wir haben es in den vergangenen Jahren erlebt: Die »Alten« konsumieren beispielsweise im Tourismus (aber nicht nur dort) intensiver als die Jungen. Über die berühmten Greisen-Telefone mit großer Tastatur lachen sie, sie wollen in ihrem neuen Lebensabschnitt Spaß haben und neue Erfahrungen machen. Nutzt es hier, trotzdem weiter Clusterungen und Merkmale zu liefern, auch wenn sich dahinter nur noch wenig Realitätsgehalt verbirgt?

Auf der anderen Seite ist auch der Jugendkult ein gesellschaftliches Missverständnis, das von den Media- und Marketingforschern aus nahe liegenden Gründen nach wie vor aufrechterhalten wird. Glaubt man den Mediaverkäufern, tummeln sich in den Medien vor allem junge Menschen in der werberelevanten Zielgruppe zwischen 14 und 49 Jahren. Doch das Gegenteil ist der Fall, und wir alle wissen, dass der demografische Wandel längst eingesetzt hat. Aber auch in den nächsten zehn Jahren wird es so bleiben, dass sich vor allem neue Produkte (im Grunde nach wie vor jedes in der Werbung angebotene Produkt) über das Argument der Jugendlichkeit verkaufen lassen. Das wird aller Wahrscheinlichkeit auch dann so bleiben, wenn längst die Hälfte unserer Gesellschaft 50 Jahre und älter ist.

Neue Synthesen statt Alters-Rabulistik

Wir verkaufen unsere Produkte, indem wir marketingtechnisch mit formalisierten Unterscheidungen arbeiten, die nur noch begrenzt die demografische Realität unserer Gesellschaft abbilden. Dass das Vertrauen in Zielgruppenunterscheidungen aber tatsächlich nachdrücklich erschüttert ist, beweisen die folgenden Beispiele:

- *Ein neuer Mercedes für wen?* Die Strategen des Automobilriesen wollten mit dem Launch der A-Klasse den Käufernachwuchs an die konservativen Marken heranführen. Die Zielgruppenstrategie ging nach hinten los – doch der Wagen verkaufte sich trotzdem. Allerdings waren es die so genannten Best Ager, die die A-Klasse präferierten, unter anderem weil der erhöhte Einstieg mehr Komfort versprach.
- *Popwellen für Best-Ager:* Ein anderes Beispiel sind die so genannten Popwellen des öffentlich-rechtlichen Rundfunks, also Programme wie SWR 3, BR 3, HR 3 oder NDR 2. Um sie den Werbetreibenden schmackhaft zu machen, wurden sie lange Zeit als jugendliche Formate angeboten. Erst kürzlich haben einige öffentlich-rechtliche Sender ausgewiesene Jugend- beziehungsweise Teenie-Wellen (You FM, HR, Das Ding, SWR) entwickelt. Allerdings mit bescheidenem Hörerzuspruch und – Jugendwahn hin oder her – ohne besonderen Zuspruch der Werbetreibenden. Vorher galten die Popwellen als jung – obwohl das Durchschnittsalter der tatsächlichen Hörer weit oberhalb der magischen 30er-Grenze lag. Bei vielen der Popwellen ist es einfach so, dass die Hörer mit ihrem Sender »mitgewachsen« sind, was dazu führte, dass zum Beispiel SWR 3-Hörer ihrem Sender (einer der beliebtesten Deutschlands) seit Jahrzehnten die Treue halten, dabei aber durchschnittlich 42,1 Jahre alt geworden sind. Bei HR 3 (hier liegt das Durchschnittsalter gar bei 44,7 Jahren, die HR-Werbung verkauft das Programm aber wacker weiter für »erlebnisorientierte 20- bis 49-Jährige«) ist 2002 auch wieder Werner Reinke, der Kult-Moderator der 70er und 80er Jahre, eingestiegen – mit 56 Jahren.
- *Neon: Kultblatt für Inbetweens:* Ein weiteres prominentes Beispiel ist die äußerst erfolgreiche Zeitschrift *Neon*. Das lifestylige Magazin aus dem Hause Gruner & Jahr kommuniziert in seinem Untertitel eigentlich schon relativ präzise, dass es ein Organ für die Jungen ist (»Eigentlich sollten wir erwachsen werden«). Und eigentlich hat es als Zielgruppe die 20- bis 29-Jährigen im Sinn. Gelesen wird es faktisch jedoch von den Thirtysomethings, so liegt das Durchschnittsalter der *Neon*-Leser bei 31 Jahren. Haarscharf vorbei an der Zielgruppe, aber das mit großem Erfolg: Die Ausgabe August 2006 übersprang die Schwelle von 200 000 verkauften Exemplaren – fast doppelt so viele wie beim Start im Jahre 2003 (107 000).

Zukunftstipp

Die klassischen Kategorisierungen nach Alter, Geschlecht, Wohnort, Einkommen und so weiter haben ausgedient. Wenn Sie das Werteverständnis und die Konsumbedürfnisse der LOHAS verstehen möchten, müssen Sie sich mit Megatrends und ihren Konsequenzen beschäftigen.

Noch ein letzter Beleg für die These, dass Alterung beziehungsweise Altsein keinen bestimmten Lebenswandel mehr nach sich zieht. Ganz offensichtlich lösen sich die soziokulturellen Grenzen zwischen den Generationen immer mehr auf. Eine Studie aus den USA hat kürzlich herausgefunden, dass mehr als ein Drittel (35 Prozent) der aktiven Snowboarder 35 Jahre und älter sind. Das bedeutet innerhalb der letzten zehn Jahre einen Zuwachs von über 50 Prozent bei den »Older Snowboardern«.

Abb. 49: 5 Schritte zur Analyse von LOHAS-spezifischen Innovationspotenzialen

Schritt 1: Stellen Sie Ihren Mitarbeitern und Kollegen kurz das LOHAS-Phänomen vor.

Schritt 2: Bilden Sie kleine Recherche-Teams, die nach prominenten Personen suchen, auf die zumindest einige der LOHAS-Kriterien zutreffen. Madonna wäre z.B. eine solche Person. Stellen Sie sich die Recherche-Ergebnisse anschließend gegenseitig vor und diskutieren Sie sie kurz.

Schritt 3: Identifizieren Sie wichtige Megatrends, die in besonderer Weise als Treiber des Lifestyle of Health and Sustainability (LOHAS) wirken.

Schritt 4: Nennen Sie Branchen und Unternehmen – durchaus auch Mitbewerber –, die sich mit ihrem Angebot mehr oder weniger konsequent am Lifestyle of Health and Sustainability ausrichten.

Schritt 5: Diskutieren und entscheiden Sie mit Ihren Mitarbeitern und Kollegen, ob und wo es sinnvolle Schnittstellen und Anknüpfungspunkte zwischen dem Angebot Ihres Unternehmens und den LOHAS gibt.

LOHAS-Marken: Vier erfolgreiche Geschäftsmodelle für die Märkte von morgen

Als Beleg dafür, wie Megatrends und Wertewandel Märkte verändern, beziehungsweise umformatieren oder überhaupt erst erschließen, präsentieren wir Ihnen vier Erfolgsgeschichten. Sie haben allesamt eine hohe Affinität zu den LOHAS und dokumentieren, wie man trend- und wertebewusst die Märkte von morgen erobert.

Alnatura – Bio-Retailer par exellence

Trendbriefing: Welche Veränderung hat das Produkt hervorgerufen? Bevor Alnatura den Markt der Bio-Lebensmittelhändler erschloss, war *Bio* eine subkulturelle Veranstaltung für Konsumverweigerer. Alnatura hat sich vorsichtig und weitsichtig in einen wachsenden Markt hineingearbeitet. Punktlandung: Seit Alnatura boomt, ist *Bio* zu einem globalen Megamarkt gereift und in der gesellschaftlichen Mitte angekommen.

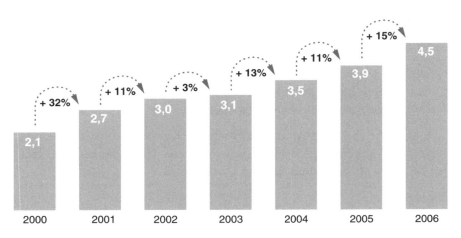

Abb. 50: **Der deutsche Biomarkt boomt**
Umsätze von Öko-Lebensmitteln in Milliarden Euro

Quelle: ZMP-Jahresbericht 2006/2007, Angaben für 2006 geschätzt

Mit welcher Rasanz sich unsere Handelslandschaft in den vergangenen Jahren verändert hat, zeigt das Beispiel »Bio im Discount« sehr anschaulich: Gründynamischer Aldi und ökoschicker Lidl – Wandlungsturbulenzen, die die Märkte neu sortieren. Biospinat bei Plus, Biomilch bei Norma. Rewe eröffnete im vergangenen Jahr unter dem Label »Vierlinden« zwei Bio-Supermärkte. Dass sich auch die Discounter sehr schnell auf Bio eingestellt haben und an die Kapitalisierbarkeit und Langfristigkeit dieses Trends glauben, beweist folgende Zahl: Im Jahr 2005 wurden 54 Prozent der Biokartoffeln bei den Discountern gekauft. Im Januar 2006, das geht aus einer Untersuchung der GfK hervor, waren es bereits 70 Prozent. Dem Discounter Plus ging Ende des vergangenen Jahres aufgrund der großen Nachfrage zwischenzeitlich das »BioBio«-Hackfleisch aus. Der Aufwand, mit dem die Discounter den Trend reiten, wird nahezu täglich größer: Mit »Bioness« hat mittlerweile auch Lidl den Zukunftsmarkt des ökologischen Essens betreten. Mittelfristig sollen 20 Prozent aller Lidl-Produkte mit Biolabel verkauft werden (zum Vergleich: Bislang erreichen Bio-Lebensmittel einen deutschlandweiten Marktanteil von gerade einmal 5 Prozent).

Die wichtigsten Veränderungen, die der Bio-Boom in letzter Zeit ausgelöst hat, sind:

- *Aus Hard-Discountern werden Trendwinner:* Aldi ist längst nicht mehr der Trash-Retailer wie noch vor zehn Jahren. Trends wie Ethno-Küche, Bio und gesunder Genuss haben längst auf das Sortiment durchgeschlagen.
- *Aus Billigkunden werden Gesundheitskäufer:* Aber auch die Aldi-Kunden lassen sich längst nicht mehr als verantwortungslose Billiganbeter typisieren. Der Megatrend Gesundheit setzt seinen Siegeszug bis in die Discountfilialen in Recklinghausen und Delmenhorst fort.
- *Last but not least:* Aus den Subkulturen wird eine Mainstream-Kundschaft: Bio ist schon lange keine Exklusivveranstaltung für Akademiker, Körnergläubige und Konsumverweigerer mehr.

Dass der Biotrend längst in der gesellschaftlichen Mitte angekommen ist, zeigen unter anderem die Erfolgsgeschichten von Whole Foods Market in den USA und Alnatura und Basic in Deutschland.

Alnatura und die LOHAS

Wie oben erläutert, sind die LOHAS geprägt vom Sowohl-als-auch-Gedanken, also

- möglichst hoher Genuss *und* in Einklang mit der Natur,
- möglichst hohe Aufmerksamkeit für mich, für meine persönliche Entwicklung *und* im Sinne von Umwelt und Mitwelt,
- möglichst hohe Qualität der Produkte *und* klaren ethischen Maßstäben entsprechend.

Um mit diesem hochinteressanten Wertewandel in unserer Gesellschaft Schritt zu halten, reicht es nicht, auf den nächsten Produkttrend oder auf die nächste Wohlfühlwelle zu warten.

Die Bio-Branche hat jetzt die Chance, sich an die Spitze einer gesellschaftlichen Entwicklung zu setzen. Alnatura aus dem südhessischen Bickenbach gehört zweifellos zur Avantgarde der deutschen Bio-Retailer, die diesen Wertewandel verstanden und in konkrete Konzepte umgesetzt haben.

Das Gros des Alnatura-Umsatzes machen andere Retailer

Alnatura verfügt mit 16 Märkten über das bedeutendste Filialnetz von Bio-Retailern in der Bundesrepublik – weitere fünf Standorte sollen noch dieses Jahr erschlossen werden. Insgesamt erwirtschaftete das Unternehmen 2006 satte 182 Millionen Euro – ein Plus von 26 Prozent. Alnatura nutzt nicht nur die eigenen Läden als Vertriebsoption, sondern beliefert schon seit Jahren assoziierte Unternehmen und auch den konventionellen Lebensmitteleinzelhandel. Etwa 670 Bio-Lebensmittel werden unter der Eigenmarke Alnatura verkauft und zusätzlich über Kunden wie Budnikowsky (90 Filialen), Tegut (320 Läden) oder die dm-Drogeriemarktkette (fast 1 000 Märkte bundesweit) vertrieben. Zwei Drittel des Umsatzes stammen aus Verkäufen von Alnatura-Produkten über diese Handelspartner. Vor allem die dm-Drogeriemarktkette sowie die Tegut-Supermärkte sind seit Langem ein wichtiger Absatzkanal für Alnatura.

Alnatura: »Mittel zum Leben« und offensive Wertevermittlung

Im Jahr 2005 ist Alnatura-Gründer Götz Rehn zum »Entrepreneur des Jahres« gewählt worden. Ein gewichtiger Grund dafür: Rehn hat in den 80er Jahren den Biohandel nicht nur neu erfunden. Er ist ein Unternehmer mit Realitätsbewusstsein im Geschäftlichen und mit einem ausgeprägten Möglichkeitssinn, was Ansätze für die Zukunft unserer Wissensgesellschaft angeht. Rehn legt größten Wert darauf, dass Mitarbeiter Verantwortung übernehmen, selbstverantwortlich handeln, es lernen, »sich in einer komplexen Welt selbst zu führen«. Hier zeigt sich: Bio wächst und setzt Maßstäbe, wie der wertebewusste Konsum der Zukunft aussehen wird. Rehn gehört außerdem zu den Initiatoren der Alanus-Hochschule, die wirtschaftliches Denken und musische Ausbildung verbindet. Der Studiengang »Wirtschaft neu denken« startet in diesem Jahr.

Auf den Punkt gebracht

> »Immer nur den Gewinn steigern zu wollen ist Unsinn. Ich bin ein großer Freund des Marktes und der Marktwirtschaft, weil sie mir die Freiheit geben, auch andere Ziele als die Gewinnmaximierung zu verfolgen.«
>
> Götz Rehn, Gründer von Alnatura

Virales Marketing: Alle reden darüber – Alnatura praktiziert es schon seit Jahren

Alnatura fährt eine ganz reduzierte Marketingstrategie: Außer dem regelmäßigen Schalten von Anzeigen in der Tagespresse wird auf klassische Werbung verzichtet. Auf diese Form des Marketings würde die LOHAS-Kundschaft eher allergisch und schnell genervt reagieren, so Alnatura. Bio heißt beim Verkaufen bewusst anders sein: Stattdessen setzt man in Südhessen auf intensive Beratung am POS sowie Mundpropaganda verbunden mit einer intensiven Öffentlichkeitsarbeit bei »bionahen« Institutionen und Verbänden.

Schlussfolgerung

- Verkünden Sie nicht nur Ihre Werte – leben Sie sie, gegenüber Ihren Kunden und gegenüber Ihren Mitarbeitern.
- Götz Rehn und Alnatura haben aus einem »naiven Kern« ihre Erfolgsstrategie entwickelt: gute Lebensmittel herstellen und die Wünsche der Kunden nach einer gesunden und genussvollen Ernährung ernst nehmen. Als Alnatura 1984 startete, gab es noch keinen Bioboom und auch noch keine LOHAS. Doch die Zielsetzung hat sich auch seitdem für Alnatura nicht geändert: Im Zentrum steht nicht ein rentabler Supermarkt, es wird auch nicht beabsichtigt, irgendeinen Trend zu erwischen.

Umgekehrt heißt das aber: Nur wenn Werte authentisch aus dem Unternehmen heraus entwickelt werden, lässt sich aus ihnen auch Kapital schlagen.
- Machen Sie ein Gedankenexperiment und überlegen Sie, was es Ihnen nutzen würde, wenn Sie nicht nur in erster Linie an Konkurrenz, sondern an Kooperationen denken würden. Alnatura hat Kooperation zu einem Erfolgsprinzip gemacht. Wenn es beispielsweise um die Verfügbarmachung von hochwertigen Lebensmitteln (und dann erst um die Umsätze) geht, dann werden auch andere Retail-Branchen (Drogerien), andere Regionen und vielleicht auch die Konkurrenz zu möglichen Alliierten.

iPod – Trendikone des digitalen Lifestyles

Trendbriefing: Welche Veränderung hat das Produkt hervorgerufen?
Vor dem iPod galt die MP3-Technologie als sperrig und als eine Angelegenheit für junge Technikfreaks. Seit es den iPod gibt, gilt Apple als *das* Zukunftsunternehmen schlechthin. Von Technik ist dabei gar nicht mehr die Rede: Der iPod ist zum globalen Lifestyle geworden
Es war kurz nach dem 11. September 2001, die USA waren ein verwunderter Gigant, in Silicon Valley herrschte tiefe Depression, die New Economy-Blase war gerade geplatzt. Schlechte Zeiten für Innovationen, schlechte Zeiten für neue Lifestyle-Produkte. Steve Jobs entschloss sich in diesem Moment, den iPod – trotzdem – auf den Markt zu bringen. Pünktlich zum Weihnachtsgeschäft 2001. Immerhin war die MP3-Technologie schon länger auf dem Markt und es war zu erwarten, dass irgendwann verbesserte Player auf den Markt kommen würden, Konkurrenz schläft bekanntlich nicht. Tatsächlich kam jedoch kein neuer Player, und Steve Jobs startete durch mit dem globalen Lustobjekt des iPods.

Was hat der iPod mit den LOHAS zu tun?

LOHAS trachten nach einem gesunden und genussvollen Lebensstil. LOHAS streben allerdings auch nach dem ganzen Bild, »the big picture«. Und das bedeutet, dass sie sich kritisch mit der Informationsleistung des Mediensystems auseinandersetzen. Auf der anderen Seite zeichnen sich die LOHAS dadurch aus, dass sie ökologisch und nachhaltig denken – aber auch eine hohe Technikaffinität offenbaren. Damit unterscheiden sie sich signifikant von den Ökos alter Prägung. LOHAS sind ausgeprägte Konsumindividualisten, die den Vorgaben der klassischen »Programmmacher« längst nicht mehr trauen. Auch (oder vor allem) Medienkonsum sollte deshalb zeit- und ortsunabhängig funktionieren und passgenau die eigenen Stimmungslagen und Newsbedürfnisse orchestrieren. Der iPod ist deshalb ein wichtiger Trend für die konsumindividualistischen LOHAS.

Der iPod revolutioniert den Musikmarkt – und das Unternehmen Apple selbst

Bis Mitte September 2006 wurden nach Angaben von Apple weltweit mehr als 60 Millionen iPods verkauft. Den Angriff durch den Zune, das Konkurrenzprodukt von Microsoft, hat Apple souverän pariert. Mehr noch: Nie verkaufte das Unternehmen so viele iPods wie in dem Quartal (Oktober bis Dezember 2006), in dem neben dem eigenen Music Player auch der Zune in den Regalen der US-Elektronikmärkte lag. Mit 21 Millionen Geräten in den drei Monaten bis Dezember hat Apple nicht nur die Vorjahreswerte um satte 50 Prozent und selbst die kühnsten Prognosen der Analysten übertroffen. Mit 3,43 Milliarden Dollar stammt inzwischen fast die Hälfte des Konzernumsatzes allein aus dem Geschäft mit dem iPod.

Viele Gründe sind für den Erfolg des iPods verantwortlich. In erster Linie hat der iPod jedoch auf geniale Weise auf Trends reagiert.

Megatrend Individualisierung: Der Soundtrack meines Lebens

Apple machte aus einer technologischen Innovation eine Revolution, denn der iPod ermöglichte mit einem Mal nichts Geringeres als die smarte Individualisierung des Musikgenusses, Mediengebrauchs (um noch einmal diese technokratische Vokabel zu benutzen) auf höchster Individualisierungsstufe: mobilitätstauglich, situativ einsetzbar, nahezu unbeschränkter Zugriff auf Inhalte, an jedem Ort zu jeder Zeit, ein persönliches, ja intimes Genussmedium – ohne Kabel, ohne labyrinthische Verträge und ohne regelmäßige Gebühren.

Megatrend Mobilität: Der iPod gestattet »mobile cocooning«

iPod und Walkman machen den Einzelnen im großstädtischen Getümmel zu einer Insel, ermöglichen Rückzug, Komfort und Abgrenzung, ohne dabei den öffentlichen Raum zu verlassen. Überforderung, Hektik, Zeitnot, Angst, das Gefühl des Ausgeliefertseins, der Beklommenheit oder der Einsamkeit in der Masse – all das nimmt ein personales Medium wie der iPod auf. Und gegenüber dem Walkman geht der iPod noch einen entscheidenden Schritt weiter: Mit dem Apple-Player lässt sich der Soundtrack fürs eigene Leben kompilieren, eine Spezialdramaturgie für den Weg zur Arbeit und Entspannungshilfe beim Kochen am Abend. Aufgrund der Speicherkapazität und der Benutzerfreundlichkeit des Geräts ist der iPod gewissermaßen das idealtypische »Gadget für die einsame Insel« – ein Medium als intimer Lebensbegleiter.

Wie der iPod den Markt veränderte: Von der Gangster-Branche zum Zukunftsmodell

Eine aktuelle Studie bestätigt, dass der Online-Musikmarkt kräftig boomt. Screen Digest und Goldmedia haben errechnet und prognostiziert, dass sich der Downloadmarkt mit Audio-Content zwischen 2005 und 2006 mehr als verdoppelt hat (von 121 Millionen Euro auf 280 Millionen Euro). Bis 2010 rechnen die Institute mit einem Marktvolumen von rund 1,1 Milliarden Euro.[48]

Schauen wir kurz auf das Jahr 2001 zurück, die Zeit unmittelbar vor dem Launch des iPods: Gerade wurde die Tauschbörse Napster verboten, und es galt als völlig schleierhaft, wie sich die Urheberrechtsfrage zwischen den Mulits der Musikindustrie lösen ließe und wie die komplizierte MP3-Technik zu einem Massenartikel werden könnte. Die Interessenvertreter der Musikindustrie sahen das Ende gekommen: CDs würden künftig in den Regalen liegen wie Backsteine. Und dem Musikdiebstahl wäre in der MP3-Ära künftig nicht mehr beizukommen.

Auf den Punkt gebracht

»Die Mehrzahl unserer Konkurrenten hat jahrelang davon gelebt, Apple zu kopieren.«

Steve Jobs, Apple-Erfinder

Die Goldmedia-Studie prognostiziert dagegen für das Jahr 2010, dass die Einbußen der Musikbranche durch den zurückgehenden CD-Verkauf kompensiert sein werden. Die von der Musiklobby mit der MP3-Innovation gleichgesetzte Musikpiraterie hat sich als demagogisches Argument erwiesen; illegale Downloads gehen laut Studie deutlich zurück (2003: 11,1 Milliarden Musikdateien; 2005: 885 Millionen).[49] Apple hat über sein Musikportal iTunes, wo ein Titel in der Regel für 99 Cent abrufbar ist, eine gigantische Titelsammlung errichtet, so dass der iPod-Nutzer über ein gigantisches Archiv der Musikgeschichte verfügt. Es mag ja sentimentale Musikfreaks geben, die sich gerne durch enge Plattenläden quetschen. Doch über die Verbindung iPod-iTunes sind die Käufer freier in ihrer Kaufentscheidung und haben eine völlig neue Qualität eines individualisierten Angebots jederzeit über ihren Computer verfügbar.

Zukunftstipp

Vorsicht! Das Denken in engstirniger Branchenlogik kann verheerende Folgen haben:
Der entscheidende technologische Durchbruch für die Entwicklung von MP3 wurde hier zu Lande beim Fraunhofer-Institut durch Professor Karlheinz Brandenburg erzielt. Grundig, Deutschlands dahinsiechender Elektronikhersteller, wurde die Zukunftstechnologie angeboten, doch das Traditionsunternehmen lehnte ab. Die Begründung: keine erkennbare Zukunftsfähigkeit, keine sichtbare Produktinnovation. Der schwerwiegende Denkfehler dabei: Auch wenn MP3 eine digitale und virtuelle Technologie ist, lassen sich auf deren Grundlage trotzdem Geräteideen entwickeln, die neue Märkte erschließen.

Der iPod und seine Folgen

Dadurch, dass sich Apple bei der Erfindung des iPods an wichtigen Megatrends wie Individualisierung und Mobilität orientierte, haben wir nicht nur ein neues Abspielgerät. Der iPod hat auch neue Nutzergewohnheiten geschaffen, neue Märkte kreiert und unsere audiovisuelle Kultur verändert. Einige Belege hierfür:

- Im Windschatten des iPod-Erfolges etabliert sich schnell ein neuer Markt: zeitunabhängiger Content. Inhalte fürs Büro, für die Dusche oder zum Entspannen auf der Couch. Das amerikanische Unternehmen audible.com zum Beispiel hat im Geschäftsjahr 2004 seinen Umsatz um 78 Prozent von 19,3 Millionen US-Dollar auf 34,4 Millionen gesteigert. Für das kommende Jahr gehen die Macher erneut von einem Wachstum um die 80 Prozent aus. Audible bietet auf der Website eine ähnliche Kaufsystematik wie Amazon an, hat sich geschickt mit iTunes verkoppelt und versorgt seine Hörer mit mobilem Content von der New York Times über den Managementklassiker bis zur erlesenen Belletristik.

- Hier zu Lande ist audible.de Ende des Jahres 2004 gestartet und hat sich ebenfalls schnell etabliert. Laut GfK legte im Jahr 2004 der Umsatz mit Hörbüchern insgesamt um 14,7 Prozent zu.
- Wie sich der mobile Content noch zielsicherer an erlesene Zielgruppen bringen lässt, zeigt das Wiesbadener Unternehmen voiceletter.de, Deutschlands erstes Unternehmen für mobilen Business-Content. Wie bei audible auch, haben die akustischen Lettermacher in erster Linie ein Geschäft über Abonnements im Blick – und dass trotz schwindender Kundenbindung und der Abo-Krise bei den Verlagen. Andreas Rompel, Geschäftsführer von Voiceletter, erklärt das Geschäftsprinzip folgendermaßen: »Sie abonnieren die Inhalte, für die Sie sich interessieren, und schließen Ihren MP3-Player morgens an den Computer an. Wenn Sie sich dann abends auf den Heimweg machen, ist er randvoll mit Hörbüchern, Artikeln aus aktuellen Zeitschriften und akustischen Newslettern.« Auf diese Weise wächst eine Kultur der personalisierten und mobilen Hörer-Zeitschriften, nutzwertig, individuell und ortsunabhängig nutzbar.

Schlussfolgerung

- Suchen Sie sich Instrumente, mit denen sie »verfremdet« auf Ihre Branche schauen können. Die Arbeit mit den Megatrends ist ein Tool, das Ihnen Ihre Branche möglicherweise nicht erschöpfend erläutert. Aber es zeigt Ihnen, dass die Gesetze der Branche (jeder Branche!) verändert werden können. Auch wenn es größenwahnsinnig klingt: Apple wollte kein neues Musikgerät herstellen, sondern die sehr emotionale Welt des Musikhörens neu erfinden. Überlegen Sie deshalb nicht nur, wie Sie Ihren Markt beliefern können – überlegen Sie, wie Sie ihn neu erfinden können!
- Denken Sie in komplexeren Zusammenhängen, bei denen der Kunde immer im Mittelpunkt steht: Was erwartet der Kunde von meinem Pro-

dukt, was tut der Kunde mit meinem Produkt, welche weiteren Bedürfnisse stehen möglicherweise hinter der Nutzung. Versuchen Sie stets zu ermitteln, welche Grundsehnsüchte ihn bei der Nutzung antreiben. Trends und Megatrends helfen Ihnen dabei, die Veränderungen der Bedürfnislage der Kunden besser zu verstehen. Wer mit viel Verstand und Gefühl die Bedürfnisse seiner Kunden verstehen lernt, der kommt zum Beispiel bei der Erfindung eines iPods oder eines iPhones heraus.

Praxis-Check

Trainieren Sie den verfremdeten Blick auf Ihre Branche. Der Erfolg des iPods beruht darauf, dass seine genialen Macher nichts für unmöglich gehalten haben. Hierzu eignen sich folgende Szenarien:

- Szenario 1: Was wäre die absolute Revolution/Utopie in Ihrer Branche? Überlegen Sie, warum diese Utopie als so unrealistisch wahrgenommen wird. Klären Sie in einer Diskussion, ob sich die Umsetzungsblockaden möglicherweise in Ihrem Kopf befinden – und nicht in der Realität.
- Szenario 2: Machen Sie ein Brainstorming. Ihre Aufgabe: Welche weiteren Services könnten meine Kunden wollen? In welche Wertschöpfungsbereiche ließe sich unser Produkt weiterdenken?
- Szenario 3: Lassen Sie Ihre Mitarbeiter in fremde Branchen hineinschnuppern. Der Frageansatz dabei: Wie werden in anderen Branchen Kunden angesprochen? Lassen sich neue Bedürfnisse registrieren? Welche? Wie lassen sich die Erkenntnisse auf die eigene Branche transferieren?

Netflix – das Business mit den temporären Dingen

Trendbriefing: Vor Netflix gab es die schmuddeligen Vorstadtvideotheken, begrenzte Filmauswahl, ärgerliche Säumnisgebühren und Kassettentürmchen in der Wohnung genau dort, wo man sie gerade nicht braucht. Seit Netflix hat die DVD-Kultur (nicht nur für Jobnomaden) eine neue Qualität bekommen.

LOHAS zählen zu dem modernen Konsumenten, für die vor allem zutrifft: Time poor, money rich. Eigentlich ist jede überflüssige Minute ärgerlich, in der sich die LOHAS mit Nebensächlichkeiten beschäftigen müssen. Sie wollen das tun, was ihnen wirklich wichtig ist: wichtige und kreative Dinge im Beruf machen, Kinder und Karriere unter einen Hut bringen, mit sich selbst im Einklang leben und dabei so viel genießen wie möglich und verantwortbar. LOHAS sind hochmobil, das bringt die globale Wirtschaft mit sich, und das bringt in der Regel der Job, aber auch die Neugierde der LOHAS mit sich. Angesichts dieses Zeitdrucks suchen sie nach Services, die ihrem Lebenswandel entgegenkommen: Videotheken mit festen Öffnungszeiten und drakonischen Bußgeldkatalogen sind da ein Anachronismus. Netflix dagegen hat es geschafft, den DVD-Verleih zu einem Vergnügen für 24h-busy-people zu machen. Und DVDs sind ein Grundnahrungsmittel der LOHAS, die zeitunabhängig zur Entspannung und Horizonterweiterung »eingeworfen« werden können.

Netflix wurde im April 1998 in Los Gatos gegründet. Die Abonnentenzahl hat Ende Februar 2003 früher als erwartet die Grenze von 1 Million überschritten, mittlerweile verfügt Netflix über 6,3 Millionen Abonnenten. Für das erste Quartal hat Netflix einen Umsatz von 304 bis 310 Millionen Dollar sowie einen Nettogewinn von 13 bis 18 US-Cent je Aktie in Aussicht gestellt. Netflix' Marktanteil im Online-DVD-Verleih liegt bei rund 70 Prozent.

Die Gründungslegende von Netfix

Zu jedem ordentlichen Unternehmen gehört eine Gründungslegende. Die von Netflix-Erfinder Reed Hastings ist besonders originell. Nachdem Hastings 1997 seine Softwarefirma Pure Atria verkaufen musste, tröstete er sich mit einem Apollo 13-Video – für 40 Dollar. Das Video war deshalb so teuer, weil Hastings es drei Monate in seiner Wohnung vergraben hatte. Doch dieses Erlebnis führte zur Geburt von Netflix, denn Hastings stellte sich die richtigen Fragen:

- Wie kann ich ein Produkt so verbessern, dass es dem Kunden bei einer aktuellen Lebensknappheit hilft, sprich wie kann ich den Filmgenuss der Menschen in den eigenen vier Wänden optimieren?
- Wie kann ich den Zugang zu dem Produkt (der geliehenen DVD) maximal vereinfachen?
- Und was macht mich für den Kunden unverzichtbar? Beispielsweise die Empfehlungssoftware, die dem Kunden die Augen öffnet: »Es gibt ja noch viel mehr Filme, die genau meinen Geschmack treffen.«

Die richtigen Schlüsse aus dem Megatrend Mobilität gezogen

Netflix hat die richtige Antwort auf obige Fragen gefunden und bietet eine zeit- und ortsunabhängige Bestellung und eine simple Transaktionssystematik. Der amerikanische DVD-Verleiher hat ein logistisches Wunder geschaffen – und ausgerechnet das verstaubte Ausleihsystem von Videos und DVD-Scheiben zum Zukunftstool umdefiniert. Exakt 19,95 Dollar pro Monat kostet Filmfreaks das Abo bei Netflix. Dafür können sie die geliehenen DVDs so lange behalten, wie sie wollen. Der Abonnent stellt seine persönliche Titelliste über die Netflix-Website zusammen. Neflix sendet zunächst drei der ausgewählten DVDs mit der guten alten Post. Bei jeder DVD, die vom Kunden wieder zurückkommt, schickt der Service einen neuen Titel los. Das intelligente Abosystem vermeidet so Kassettentürme in der Wohnung. An Einfachheit nicht mehr zu überbieten, ist Netflix damit außerdem direkt am Puls der Konsumentenbedürfnisse: Wer lebt schon gerne mit hundert hässlichen Videokassetten in seiner Wohnung?! Das »next big thing«, das Netflix gerade angeht, ist das Geschäft mit Filmdownloads.

Der Clou: eine Empfehlungssoftware, die präzise auf das Suchverhalten von Filmfreaks abgestimmt ist

Die temporäre DVD-Bibliothek für zu Hause ist ein logistisches Kunststück. Aber das allein würde noch nicht ausreichen, um mehr als eine Million Abonnenten an sich zu binden. Netflix hat seine genial einfache Logistik darüber hinaus präzise auf die besonderen Bedürfnisse der Kinogemeinde einjustiert:

- Netflix bietet ein doppelt so großes Filmangebot wie herkömmliche Videotheken. Aktuelle Filme sind in Videotheken regelmäßig vergriffen, seltener bei Netflix.
- Bei jeder normalen Videoausleihe vergisst jeder einmal, den Film zurückzubringen. Dafür müssen dann ärgerliche Säumnisgebühren bezahlt werden. Nicht gerade eine Kundenbindungsmaßnahme. Bei Netflix gibt es keine Mahngebühren.
- Mit dem Empfehlungssystem CineMatch erinnert Netflix zwar an Amazon. Aber Netflix ist noch besser, weil es die Gemeinde der Cineasten genauer kennt: Filmfans suchen weniger autorenfixiert, sie suchen Filmerlebnisse. Ist ein gewünschter Titel nicht lieferbar, schickt Netflix einen

anderen mit ähnlichem Thema. Und es funktioniert: 20 Prozent der Filme, die Netflix-Abonnenten schauen, gehen auf Empfehlungen zurück.

Auf den Punkt gebracht

»Es gibt eine starke psychologische Komponente bei der Sache. Unsere Kunden zahlen gerne die 20 Dollar, weil sie dafür eine große Menge an Freiheit und Flexibilität erhalten.«

Reed Hastings, CEO Netflix

Wer als erster den Trend setzt, hat natürlich mit Nachahmern zu rechnen. Die Geschäftsidee von Netflix hat den Markt des Video- beziehungsweise DVD-Verleihs auf neue Füße gestellt.

Praxistipp

Lassen Sie sich inspirieren: Hier nur fünf Adressen, die mit dem System Netflix Geld verdienen:
   www.netleih.de
   www.welcome.amango.de
   www.dvd-leihen.de
   www.invdeo.de
   www.amazon.de

Schlussfolgerung

- Behandeln Sie den Kunden als das aufgeklärte Individuum, das er tatsächlich ist! Bislang agierte nur die Industrie in einer Pool-Ökonomie: Dort ist alles in riesigen Archiven greifbar. Wir als Endabnehmer mussten uns einstweilen mit der »Per-Piece-Ökonomie« begnügen, uns unsere Produkte also Stück für Stück zusammensuchen: Teilte die Videothek nicht unseren Geschmack, mussten wir uns mühevoll nach einer anderen umschauen, die eher die Filme für unsere Zielgruppe im Angebot hatte. Netflix wie auch Amazon suggerieren mit großer Überzeugungskraft, dass wir zu jeder Zeit quasi auf jeden Film der Filmgeschichte zurückgreifen können.

- Eröffnen Sie dem Kunden so viele Horizonte wie möglich; er selbst kann entscheiden, was für ihn wichtig ist: Dass wir mit der Empfehlungssoftware CineMatch nicht nur unseren kinematografischen Horizont erweitern können, sondern dass sich dadurch in den USA tatsächlich eine Renaissance des Qualitätsfilms vollzogen hat, ist das Verdienst von Netflix. Dank CineMatch kommt ein derart breites Spektrum an Filmen in Umlauf, wie es bei den schmuddeligen Vorstadt-Videotheken niemals der Fall sein würde.
- Behalten Sie stets im Auge, dass die Konsumenten der Zukunft gerne für Produkte zahlen, die ihnen mehr Freiheit im Alltagsdschungel ermöglichen! Bei Netflix kaufen wir Flexibilität und Zeitsouveränität: Freiheit von Rückgabeterminen, Freiheit von hässlichen, teuren und mühselig zu archivierenden Kassettenbergen.

Praxis-Check

Abb. 51: Werden Sie zum Trendwinner mit Netflix Arbeitsvorlage

Schritt 1:
Identifizieren Sie die zentralen Trends und Werte, die für den Erfolg von Netflix entscheidend waren

Schritt 2:
Überprüfen Sie, welche dieser Megatrends und Werte auf Ihr Business übertragbar sind.

Schritt 3:
Leiten Sie ab, welche Konsequenzen das für Ihr Unternehmen und/oder ihr Produktangebot hat.

Schritt 4:
Seien Sie wählerisch:
Überlegen Sie, welche Megatrends und Werte für Sie bzw. für Ihre Kunden unter Umständen noch wichtiger sind.

> Werden Sie zum Trendwinner mit Netflix.
> *Schritt 1:* Identifizieren Sie die zentralen Trends und Werte, die für Netflix entscheidend waren.
> *Schritt 2:* Prüfen Sie, welche dieser Megatrends und Werte auf Ihr Business übertragbar sind und welche Konsequenz das auf Ihr Geschäft hat.
> *Schritt 3:* Seien Sie wählerisch: Überlegen Sie, welche Megatrends und Werte für Sie beziehungsweise Ihre Kunden vielleicht noch wichtiger sind.

Lifestyle-Living-Hotels – Luxus neu erfunden

Trendbriefing: Die neue Hotelelite entdeckt den Selfness-Trend und damit neue Cocooning-Bedürfnisse bei den Konsumenten. Vergangen sind die dicken Teppiche und die ornamentale Gestrigkeit der 5-Sterne-Plüsch-Hotels. Im 21. Jahrhundert bringt sich ein neuer Hotelluxus in Position: Zuhausesein unterwegs, die Lobby als Wohnzimmer. Die neuen Lifestyle-Living-Hotels entdecken soziales beziehungsweise kommunikatives Design.

Luxus ist die Freiheit von der Notwendigkeit. Doch Luxus verändert sich auch und ist abhängig von der Konjunktur der Trends, vor allem von Konsum- und Lebensstiltrends. Als vor einigen Jahren die große Krise der Luxushotels ausbrach, erlebten wir eine Branche, die ungläubig dreinschaute und die Welt nicht mehr verstand: »Wir haben doch die edelsten Fauteuils und das edelste Porzellan…außerdem sind wir in der ganzen Welt bekannt…« Was war passiert?

Status-Luxus auf der Suche nach der verlorenen Zeit

Das Fernbleiben der hochwertigen Luxuskundschaft wirkte sich im ersten Halbjahr 2003 vor allem auf die 5-Sterne-Hotels aus. Die Hilton Group und die französische Kette Accor mussten Gewinneinbußen bis zu 50 Prozent hinnehmen. Die Branche wurde dafür bestraft, dass sie um sich herum seit Jahrzehnten ein gefährliches Trendvakuum erzeugt hatte. Für die Luxus-Hotelerie schien es auszureichen, den eigenen legendären Ruf zu konservieren und auf die zeitlose Geltung des eigenen Produkts zu hoffen. Man möchte sich ja schließlich nicht gemein machen und dem flüchtigen Zeitgeist huldigen. Dem Zeitgeist muss man wirklich nicht huldigen, wenn man sich an Trends orientiert. Aber man sollte soviel Kundenverständnis an den

Tag legen, dass einem bewusst wird, dass sich Wünsche und Bedürfnisse in einem ständigen Wandel befinden. Trendforschung ist ein probates Mittel gegen Erfolgstrunkenheit, Statusdünkel und eine strategische Blindheit, die mit der erreichten Spitzenposition das gepflegte Nichtstun rechtfertigt.

Es hat natürlich auch einen gewissen Reiz, sich dem jahrhundertealten Statusluxus hinzugeben und sich hinter den Barock- oder Renaissance-Fassaden des Principe di Savoia in Mailand, des Bristol in Paris, bei Brenner's in Baden-Baden oder im Hotel d'Angleterre in Kopenhagen einzuquartieren. Oder in der Villa Feltrinelli am Gardasee (dem letzten Zufluchtsort Mussolinis) abzusteigen. Doch in Zukunft werden die weltbesten Hotels noch stärker ihren musealen und ornamentalen Charakter abstreifen müssen, um die neuen Luxusbedürfnisse der Menschen des 21. Jahrhunderts befriedigen zu können.

Auf den Punkt gebracht

»Der Wille zur Veränderung ist eine Stärke, selbst wenn dadurch Teile des Unternehmens für eine Zeit in das totale Chaos gestürzt werden.«

Jack Welch, ehemaliger CEO von General Electric

Lifestyle-Living-Hotels sind die Nachfolger der Design-Hotels

Die zweiten Luxus-Dinosaurier sind diejenigen Hotels, die durch eine perfekt abgerundete Designinszenierung beeindrucken. Hypermodernes Design ist im Hotelgewerbe in den vergangenen zehn Jahren zu einem Ornament und einem vorgeblichen Qualitätsmerkmal geworden. Einziges Manko: Die Räume der Design-Hotels wollten einfach nicht das tun, wofür sie eigentlich entworfen wurden, nämlich Menschen aufzunehmen und ihnen das Gefühl zu geben, sich fallen lassen zu können. Das Wörtchen »Design« verkam deshalb schnell zum leeren Markenversprechen. Denn die perfekten Oberflächen, die akkurat postierten Accessoires und die ausdefinierten Lounges der Designhotels waren nicht so recht mit den Bedürfnissen der Reisenden in Einklang zu bringen. Design errichtete zu oft eine unsichtbare Mauer: Zu sehr verschwand der Einzelne in der perfekten Inszenierung. Und merkte das auch schnell: »Gott, bin ich wieder schlecht angezogen, wohin nur mit den Händen…?«

Mittlerweile hat sich ein neuer Trend ausgeprägt. Es sind anspruchsvolle, quasi-private Refugien, die den Designanspruch hochhalten, sich dabei aber nicht zu einer losgelösten Inszenierung versteigen. Hotels wie das Haus Hirt in Bad Gastein, das Hotel Danile in Graz, das 25 Hours in Hamburg oder der Lanserhof in der Nähe von Innsbruck machen State-of-the-Art-Design bewohnbar.

Self-Design statt perfektem Möbeldesign

Die neuen Wohnzimmer-Hotels zentrieren sich um das Selbst des Gastes, für den zeitgenössisches Design auch funktional ist und sein Wellnessgefühl steigert – aber niemals zum Hauptdarsteller avanciert. Das Haus Hirt ist ein regelrechtes Work-in-Progress: Regelmäßig werden Architekten und Kreative eingeladen, dürfen das Hotel kostenlos »benutzen« und arbeiten währenddessen am Design der Räume. Der Lanserhof verknüpft Design und Self-Design auf spannende Weise: In den luxuriös-minimalistischen Räumen soll der Gast eine Selbstverwandlung (auch gerne unter ärztlicher beziehungsweise therapeutischer Begleitung) vollziehen. Deswegen werden nur Anmeldungen ab drei Wochen angenommen. Soviel Zeit braucht es offenbar, um ein neues Self-Design zu entwickeln.

Die wichtigsten Trends und die Wertewandelprozess, auf die sich diese neuen Konzepte beziehen:

- *Homing/Cocooning*: Homing oder Cocooning ist vielleicht der älteste Trend, den die moderne Trendforschung beschrieben hat. In regelmäßigen Wellen ließ sich immer wieder beobachten, dass die Menschen Wärme und Rückzug von der kalten Welt suchen. Gerade den Berufsmobilisten, die regelmäßig unterwegs sind, dürstet es immer häufiger nach einem »Zuhause unterwegs«. Diesem Verpuppungsbedürfnis in der globalen Welt tragen die Lifestyle-Living-Hotels Rechnung.
- *Megatrend Individualisierung*: Individualisierung heißt hier: Jeder Gast soll nach Möglichkeit seinen Bedürfnissen und Wünschen ungehindert nachgehen können. Im Hotel Daniel steht für jeden Gast ein Motorroller zur Verfügung, im Hamburger 25 Hours ein Lancia oder wahlweise ein Bonanza-Rad. Damit wird ein großes Problem von berufsmobilen Menschen gelöst: Wer in einem Hotel ankommt, kann sich häufig – gerade in kleineren Städten – kaum auf individuelle Weise fortbewegen. Die kleine Motorrolleridee zieht ihren Charme tatsächlich daraus, dass der Reisende unterwegs nicht auf individuelle Fortbewegung verzichten muss.
- *Aus Wellness wird Selfness*: Zu-sich-selbst-kommen und Auftanken sind

Wünsche, die seit den 90er Jahren in den Megatrend Wellness mündeten. Doch die Urlauber der Zukunft möchten sich immer häufiger aktiv mit ihrer eigenen Befindlichkeit auseinandersetzen. Statt passiver Wellness bevorzugen gerade LOHAS immer mehr die bewusste Arbeit an Selbstkompetenz und Selbstveränderung. Der Lanserhof hat sein gesamtes Konzept im Grunde auf diesen Bedürfniswandel von Wellness zu Selfness ausgerichtet. Und auch das Haus Hirt hat quasi-therapeutische Angebote, die aber nicht wie Schulungen daherkommen. Zum Angebot zählt unter anderem eine Behandlung gegen Flugangst.

- *Neuer Luxus*: Luxus bedeutet für die meisten heute Zeitwohlstand und Zeitsouveränität. Ein Hotel wie das Haus Hirt fühlt sich diesem Paradigmenwechsel verpflichtet: individuelles Wohlergehen statt Prestige, Status und Protzerei. Die Gäste von morgen suchen individuelle Aufmerksamkeit statt künstlicher Freundlichkeit und Massenabfertigung. Ankommen und das Gefühl, aus den Alltagsrollen ausbrechen zu können, haben absolute Priorität.[50]

Abb. 52: Der Neue Luxus
Der Megatrend Individualisierung verändert den Luxusbegriff

	Klassischer Status-Luxus	Neuer Luxus
Soziale Funktion	Status, Prestige	Mehr Lebensqualität
Konsummotiv	Soziale Differenzierung	Individuelles Wohlergehen
Tiefenstruktur	Konkurrenz	Inneres Wachstum
Epoche	Massengesellschaft	Gesellschaft der Individuen
Objekte	Cadillac, Patek, Gucci,	i-Pod
Objektbezug	Fetisch	Service- und Erlebnisqualität
Lebensziel	Mehr Geld	Mehr Zeit

Lifestyle-Living-Hotels setzen auf Social Design

Die Zukunft des modernen Hotelluxus lässt sich auch als Social Design beschreiben: Die Hoteliers verlegen den Schwerpunkt auf Selfness-Angebote, individuell gestaltete Zimmer, aber auch auf die Möglichkeit, Menschen in dem Hotel zu begegnen und privates oder geschäftliches Networking zu betreiben. Jeder Gast kann ganz nach eigener Befindlichkeit den Schalter umlegen und vom Einsiedler zum Gesellschaftstier werden.

Das grundlegend Neue bei den Lifestyle-Living-Hotels: Der Alltag verlangt von uns eine stromlinienförmige Bewegung nach festgelegten Choreografien – der neue Hotel-Luxus lässt uns die Wahl. Lifestyle-Living-Hotels laden uns zu einer Vielfalt an Lebensformen und Entspannungsszenarien ein. Sie beteiligen Gäste mitunter an der gestalterischen Weiterentwicklung des Hotels und eröffnen neue Seinsweisen, was Geselligkeit, Naturbegegnung, Fortbildung, Kulinarisches und so weiter angeht. Das Haus Hirt verfolgt dieses Konzept und lässt regelmäßig Genussabende an einem »großen langen Tisch« stattfinden. Gäste werden so zu Bewohnern, sie wickeln nicht isoliert voneinander ihren Erholungsurlaub ab, sondern lernen Menschen kennen und erweitern zwanglos ihren Horizont. Künstler und Kreative aller Branchen sind stets willkommen, Angebot, Service und Design des Hotels weiterzuentwickeln – »living in progress« im doppelten Wortsinne.

Schlussfolgerung

- Nutzen Sie Trends als Wakeup-Call: Es gibt kein Bedürfnis, was nicht Veränderungen unterworfen ist. Trends sind Zeitzeichen, die Ihnen Hinweise geben, dass wir permanent mit Veränderungen konfrontiert sind. Auch im Erfolgsfalle sollten Sie sich regelmäßig Rechenschaft darüber ablegen, ob nicht neue Trends und Wertewandelprozesse die Wunschökonomie Ihrer Kunden verändert haben.
- Glauben Sie an die Veränderbarkeit Ihres Produkts, Ihrer Geschäftsidee. Trends fordern Sie nicht auf, jedes Quartal tabula rasa zu machen. Trends sind Ihre Navigationssysteme in einer veränderungsbeschleunigten Welt. Sie beschreiben Veränderungen, aber sie zwingen Ihnen keine Lösungen auf. Trends sollen Sie offen machen für die Wünsche Ihrer Kunden. Und bei denen ist bekanntlich nichts beständiger als die Veränderung.

Praxistipp

Lassen Sie sich inspirieren: Die erwähnten Hotels finden Sie im Internet unter folgenden Adressen:
  www.hoteldaniel.com
  www.25hours-hotel.com
  www.haus-hirt.com
  www.lanserhof.at

Kapitel 6

In zehn Schritten zur Business-Innovation

Zukunft ist machbar. Die wohl größte Variable im Lauf der Dinge ist unser eigenes Handeln. Es liegt an uns, Ideen zu entwickeln, Chancen zu ergreifen und Neues zu wagen. Die folgenden zehn Schritte verstehen sich als Handlungsanleitung, Zukunft nicht als schicksalhafte Macht, sondern als kreativen Gestaltungsraum zu begreifen.

1. Schritt: Ändern Sie Ihre Unternehmenslogik

Die alte Unternehmenslogik dachte Innovation von innen nach außen, vom Unternehmen in den Markt: Was sind unsere Kernkompetenzen? Wie können wir unsere Produkte verbessern? Doch womöglich wollen die Kunden gar keine besseren, sondern ganz andere Produkte. Vielleicht wollen sie überhaupt keine Produkte mehr, sondern Services. Die Arbeit mit Trends erzieht zum Denken vom Kunden aus. Es geht dabei immer um das gesellschaftliche Umfeld, in dem sich die Kunden bewegen: Was sind die Spannungsfelder? Wo wirken welche Kräfte aufeinander und führen zu neuen Bedürfnissen? Bei der Auseinandersetzung mit Trends geht es um die Verknüpfung zwischen Soziologie und Ökonomie. Mensch und Markt lassen sich nicht voneinander trennen. Machen Sie sich diese neue Perspektive zu eigen. Denken Sie vom Kunden aus. Erschließen Sie neue Innovationsräume.

Praxistipp

Werden Sie ihr eigener Kunde. Machen Sie eine »Customer-Journey« – eine Kundenreise. Beziehen Sie probeweise Leistungen Ihres eigenen Unternehmens. Notieren Sie die verschiedenen Situationen, in denen Sie sich vor, während und nach der Nutzung befinden.

Lesetipp
Horx, Matthias: *Wie wir leben werden – Unsere Zukunft beginnt jetzt*, Campus Verlag 2005.

2. Schritt: Sortieren Sie sauber nach Trendkategorien

Vermischen Sie nicht die Trendebenen. Unterscheiden Sie sauber zwischen Megatrends, Konsumenten- und Branchentrends. Fangen Sie mit den großen Veränderungen, den Megatrends, an. Sie bilden die Grundmatrix des Wandels. Von ihnen leiten sich alle anderen Trends ab. Megatrends wirken über einen langen Zeitraum – etwa 30 bis 50 Jahre. Wichtig ist es, eine gute Daten- und Informationsgrundlage über diese Tiefenströmungen unserer Kultur zu haben. Bringen Sie diesen Datensatz einmal im Jahr auf den neuesten Stand. Die Konsumenten-, Branchen- und Produkttrends unterliegen einem schnelleren Veränderungszyklus. Um hier nichts zu verpassen, empfiehlt sich ein kontinuierliches Medienscanning tagesaktueller und fachspezifischer Presse, dessen Beobachtung Sie nach Schwerpunkten in Ihrem Team aufteilen können.

Praxistipp

Beobachten Sie die, die Trends beobachten. Lesen Sie Trendstudien, laden Sie Trend- und Zukunftsforscher zu Ihren internen Think-Tanks ein.

Lesetipp
Abonnieren Sie die (kostenfreien) Newsletter der Trendanalysten: www.zukunftsinstitut.de, www.trendwatching.com

3. Schritt: Schaffen Sie sich Ihr eigenes Spielfeld

Setzen Sie nun jeden der großen Megatrends in Bezug zu Ihrem Unternehmen. Was bedeutet zum Beispiel der Megatrend Bildung für Ihr Business? Wie verändert sich das Kaufverhalten Ihrer Kunden, wenn diese immer klüger werden? Tun sich neue Distributionskanäle womöglich auf, weil Ihre Kunden anderen (Freizeit-)Interessen nachgehen? Versuchen Sie bei der Beantwortung dieser Fragen immer ein Stück weiter zu denken. Wenn ein Megatrend augenscheinlich gar nichts mit Ihrem Business zu tun hat, beschäftigen Sie sich erst recht mit diesem. Denn dann haben Sie die Chance, Innovationsfelder aufzutun, mit denen sich Ihre Wettbewerber überhaupt nicht beschäftigen. Das Dilemma des üblichen Benchmarking ist, dass sich alle auf demselben Spielfeld messen. Das verhindert wahre Innovation.

Praxistipp

Holen Sie sich zusätzlich die Meinung Außenstehender ein. Lassen Sie Branchenfremde beurteilen, wie sich Megatrends auf Ihr Business auswirken.

Lesetipp
Kim, W. Chan/Mauborgne, Renee: *Der Blaue Ozean als Strategie*, 2005.

4. Schritt: Analysieren Sie Trends entlang Ihrer Wertschöpfungskette

Jedes Glied in der Wertschöpfungskette bietet Möglichkeiten, einen Trend für sich zu nutzen. Gehen Sie ins Detail! Wie wirkt sich der Trend auf Ihr Produkt und das Sortiment aus? Was bedeutet er für Ihre Mitarbeiter und deren Qualifikationen? Was sind die Folgen für Lieferanten und Dienstleister, die Sie wiederum in Anspruch nehmen? Lassen Sie sich nicht beirren, wenn Trends Ihre Wertschöpfungskette zu sprengen drohen. Erodierende Geschäfte bieten immer die Chance für Zukunftsmärkte. Wieviel Geld hätte die Musikindustrie verdienen können, wenn sie als erstes eine Plattform für Musikdownloads eingeführt hätte? Stattdessen hat man sich auf die juristische Verfolgung von Raubkopierern konzentriert und das Feld Apple überlassen.

Praxistipp

Sprechen Sie mit Kunden, Lieferanten und externen Dienstleistern, um herauszufinden, wie sich Trends auf Ihre gesamte Wertschöpfungskette auswirken.

Lesetipp
Huber, Jeanette: *Innovation Economy*, Zukunftsinstitut 2005.

5. Schritt: Entdecken Sie Nicht-Kunden als Kunden

Befreien Sie sich von dem Gedanken, bestehende Kunden durch eine fortwährende Ausweitung Ihrer Leistungen dauerhaft an Ihr Unternehmen binden zu müssen. Der Kunde 2.0 ist wechselhafter und flüchtiger als früher. Denken Sie stattdessen an das ungehobene Potenzial Ihrer Nicht-Kunden. Sie richten sich ausschließlich an eine weibliche Kundschaft? Dann erobern Sie die männliche Klientel für sich. Was hält sie davon ab, Ihr Produkt zu kaufen oder Ihre Dienstleistung zu nutzen? Kommen Sie den Widerständen und Vorbehalten Ihrer Nicht-Kunden auf die Spur und begegnen Sie diesen mit innovativen Angeboten. Überprüfen Sie auch, ob Ihr Angebot die richtige Passung für die boomenden Aufsteigermärkte Osteuropas oder Asiens hat. In den nächsten Jahren entsteht dort eine neue, kaufstarke Mittelschicht, die sich für Produkte und Dienstleistungen aus dem Westen interessiert.

Praxistipp

Reden Sie gezielt mit Nicht-Kunden. Fragen Sie diese, warum Sie noch nie bei Ihnen gekauft haben.

Lesetipp
Prahalad, C.K.: *The Fortune at the Bottom of the Pyramid*, 2005.

6. Schritt: Sprechen Sie die emotionalen Motive Ihrer Kunden an

Erobern Sie nicht nur den Kopf, sondern auch den Bauch Ihres Kunden. Es ist wichtig zu wissen, wie Ihr Kunde das Produkt nutzt, vom Kauf bis zur Entsorgung (Dimension 1). Eine weitere Dimension umfasst, wie der Kunden vom Kopf her entscheidet, das heißt was seine »harten« Kriterien sind. Die dritte und wichtigste Dimension führt Sie zu den emotionalen, häufig unbewussten Faktoren, die Ihren Kunden wirklich treiben – vom Wunsch nach Entspannung bis hin zu ethischen Kriterien. Letztere gewinnen immer stärker an Gewicht. Entdecken Sie die Kraft der Werte. Innovationsfelder liegen dort, wo eine Branche »versagt«, wo sie ihre »weißen Flecken« hat.

> **Praxistipp**
>
> Suchen Sie im Internet Kundenforen und Blogs zu Ihrem Angebot oder zu Ihrer Branche, zum Beispiel: www.ciao.de.
>
> *Lesetipp*
> Levine, Robert: *Die große Verführung*, 2005.

7. Schritt: Erobern Sie das Cheap-Chic-Segment für sich

Die Märkte haben sich verschoben. Zwischen Luxus und Discount entsteht eine neue Mitte: Sie bietet »Cheap Chic« – mehr Leistung zu einem knallharten Preis. Das funktioniert nur, wenn Sie als Anbieter Ihr Profil in zweierlei Hinsicht schärfen: Seien Sie empathischer, verstehen Sie Ihre einzelnen Kundengruppen besser als der Wettbewerb und bieten Sie ihnen auf den Leib geschneiderte Lösungen. Seien Sie aber auch radikaler als der Wettbewerb und kappen Sie alles, was Ihre Kunden nicht wirklich schätzen. Nur so halten Sie den Preis. Häufig wird das Angebot dadurch besser, weil die Entschlankung für Ihre Kunden zu größerer Übersichtlichkeit und Einfachheit führt.

Praxistipp

Buchen Sie bei No-Frills-Anbietern wie Ryan Air und analysieren Sie deren Verschlankung. Besuchen Sie Cheap-Chic-Geschäfte wie Zara und analysieren Sie deren ästhetisches Uptrading.

Lesetipp
Horx, Matthias: *Trend-Report 2007*, Kapitel »Smart Basics,« Zukunftsinstitut 2006.

8. Schritt: Geben Sie Ihren Kunden Entscheidungshilfen

Natürlich hängt Ihr Erfolg als Anbieter ganz wesentlich davon ab, dass Sie Ihren Kunden maßgeschneiderte Lösungen anbieten. Aber das reicht nicht. Bieten Sie Vielfalt, aber unterstützen Sie den Konsumenten auch in seiner Entscheidungsfindung. Seien Sie nicht nur einer unter tausenden von Anbietern, sondern auch ein »Führer durch den Dschungel der Märkte«. Erfinden und nutzen Sie Navigationssysteme als Orientierungshilfen für Ihre Kunden und ebnen Sie damit den Weg für die Entscheidung zum Kauf.

Praxistipp

Schauen Sie sich die Internetseite von Amazon in Ruhe an. Suchen Sie all die Hitlisten, die dort angeboten werden. Entwickeln Sie jetzt eigene »intelligente Rennlisten« aus Ihrer Verkaufsstatistik oder mit Hilfe der Fachkompetenz Ihrer Mitarbeiter. Das könnten die beliebtesten »Frauenprodukte« sein, die fünf coolsten Turnschuhmodelle oder die drei Handys, die am einfachsten zu bedienen sind. Für den Kunden sind solche Hitlisten häufig ein willkommenes Mittel zur Orientierung.

Lesetipp
Anderson, Chris: *The Long Tail – Der lange Schwanz*, 2007.

9. Schritt: Öffnen Sie den Innovationsprozess nach außen

Kreative Unternehmen müssen ein offenes Ohr für die Außenwelt haben und gezielt Externe in den Innovationsprozess einbinden. Aus einem einfachen Grund: Ihre Denkweise ist nicht durch vorgefertigte Haltungen und Denkmuster eingeschränkt. Beim Konsumgüterhersteller Procter & Gamble hat man die Losung ausgegeben, dass künftig 50 Prozent aller Innovationen von außerhalb des Unternehmens kommen sollen. Die hauseigenen Forscher sind dazu aufgefordert, nicht alles selber zu entwickeln, sondern zu schauen, ob jemand anderes womöglich schon die Lösung für ihr Problem gefunden hat. In diesem Fall geht man eine Kooperation ein oder kauft das Patent. Das spart Zeit und Geld. Je besser die Forscher vernetzt sind, desto leichter fällt es, fremde Köpfe in den Ideenprozess einzubinden. Oft sind die Kunden die besten Entwickler, weil sie es sind, die die Produkte später nutzen. Firmen wie Google binden über ihre Homepage die besonders aktiven Nutzer, so genannte Lead User, in Produktentwicklungen ein.

Praxistipp

Binden Sie Kunden und Externe in den Innovationsprozess ein. Laden Sie beim nächsten Innovations-Workshop jemanden ein, der nichts mit Ihrem Business zu tun hat. Wenn Ihre Firma beispielsweise Baumaschinen herstellt, und Sie wollen neue Services entwickeln, laden Sie einen Hoteldirektor dazu.

Lesetipp
Jaworski, Jürgen/Zurlino Frank: *Innovationskultur: Vom Leidensdruck zur Leidenschaft*, 2007

10. Schritt: Lernen, spielen und Fehler machen

Welche Lernkultur hat Ihr Unternehmen? In den meisten Unternehmen ist die Lernkultur negativ. Lernen wird verstanden als die Beseitigung von Defiziten, das Ausmerzen von Unzulänglichkeiten und Fehlern. Das ist kontraproduktiv, wenn es darum geht, zu neuen Lösungen zu kommen. Eine positive Lernkultur rankt sich um die Befriedigung lebenslanger Neugier und um die Lust an der permanenten Verbesserung. Ein Unternehmen muss aber auch fehlertauglich sein, denn Innovation kennt kein Netz und keinen doppelten Boden. Für das Neue gibt es keine klaren Arbeitsanweisungen, keine erprobten Techniken, keine Traditionen des Erfolgs. Man muss ungestraft probieren können, Umwege und Fehler machen dürfen. Das größte Hindernis auf dem Weg zur Innovation ist die Angst vor dem Misserfolg!

Gehen Sie spielerisch an die Sache heran. Wie Salvador Dali so schön formulierte: »Anstatt das Erwachsensein zu spielen, sollten wir als Erwachsene gerade wieder anfangen zu spielen«.

Praxistipp

Richten Sie eine Innovations-Sprechstunde ein. So hält es die Chef-Produktmanagerin Marissa Mayer bei Google. Täglich zwischen 16 Uhr und 17.30 Uhr kann jeder Mitarbeiter neue Konzepte vorstellen oder Vorschläge für Innovationen machen.

Lesetipp
Mathews, Ryan/Wacker, Watts: *Bunte Hunde. Mit abseitigen Ideen zum Erfolg*, 2003.

In diesem Sinne: Seien Sie neugierig, trauen Sie sich, Fehler zu machen, spielen Sie!

Kapitel 7
Trend-Glossar

Corporate Foresight
Die →Zukunftsforschung in Unternehmen wird auch als Corporate Foresight bezeichnet. Dabei handelt es sich um mittel- bis langfristig orientierte Strategiearbeit auf Basis von Trend- und Zukunftswissen. Das Ziel ist, Unternehmen besser auf den Wandel ihres Umfelds vorzubereiten, das heißt Veränderungen von Märkten, Branchen, Technologien, Kunden sowie der Gesellschaft insgesamt frühzeitig zu erkennen, neue Handlungsoptionen, Chancen und Risiken aufzuzeigen, um so die Wettbewerbs- und Innovationsfähigkeit langfristig zu sichern. Für die Erarbeitung strategischer Entscheidungshilfen greift Corporate Foresight auf die verschiedenen Methoden und Techniken der →Trendforschung und →Zukunftsforschung zurück.

Delphi-Methode
Der Begriff der Delphi-Methode leitet sich vom Orakel von Delphi ab, das als das bedeutendste Orakel im antiken Griechenland gilt und von Staatsführern, Feldherren sowie Politikern zu allen wichtigen Entscheidungen und Zukunftsfragen zu Rate gezogen wurde. Bei der Delphi-Methode als Werkzeug der modernen →Zukunftsforschung handelt es sich um ein systematisches, mehrstufiges Befragungsverfahren zur Abschätzung bestimmter Trends und künftiger Ereignisse. Dabei werden einer Gruppe von Fachleuten schriftlich prognostische Fragen zu einem bestimmten Thema gestellt. Anschließend werden die abgegebenen Einschätzungen per spezieller Mittelwertbildung zusammengefasst und die Resultate den Befragten mit der Bitte zurückgespiegelt, ihre Bewertung der Thematik zu überdenken und gegebenenfalls anzupassen. Dieses Vorgehen wird in mehreren Wellen wiederholt mit dem Ziel, zu einer möglichst genauen Abschätzung beziehungsweise Meinungsbildung zu gelangen. Dabei geht es beispielsweise um die Fragen, wann eine technologische Innovation ihren Durch-

bruch erlebt und wie sich bestimmte Entwicklungen oder politische Phänomene auf die Zukunft der Gesellschaft auswirken.

Future Fitness oder Zukunftsbewusstsein
Das eigentliche Ziel in der strategischen Beratungsarbeit von Trend- und Zukunftsforschern ist nicht so sehr die punktgenaue Vorhersage (→Prognose). Vielmehr geht es um die Sensibilisierung für den immer komplexeren Wandel im jeweiligen gesellschaftlichen und ökonomischen Umfeld, um die Herstellung eines Bewusstseins für Veränderungsprozesse und die Zukunft. Das alles zielt auf das notwendige Denken in einer →Kontextlogik und damit auf die Future Fitness: Unternehmen, Organisationen und Individuen sollen also dazu befähigt werden, das Prozesshafte und Planbare ihrer Entwicklung zu erkennen, zu verstehen, um diese Entwicklung letztlich besser steuern und ihre Zukunft gestalten zu können.

Future Studies
Future Studies ist die englische Bezeichnung für die Trend- und Zukunftsforschung als anwendungsbezogene Wissenschaft. Mit dem Begriff werden darüber hinaus auch Studiengänge an Hochschulen und Universitäten bezeichnet, die sich vor allem mit den Methoden und Techniken der Trend- und Zukunftsforschung befassen (zum Beispiel Finland Futures Research Centre, Turku School of Economics, Corvinus Universität/Budapest, Laboratoire d'Investigation en Prospective, Stratégie et Organisation (LIPSOR), Conservatoire National des Arts et Métiers (CNAM)/Paris; University of Houston, Fo Guang University/Taiwan).

Futurologie
Der Begriff Futurologie wurde von Ossip K. Flechtheim (1909–1998), einem der Begründer der deutschen Futurologie, im Jahr 1943 eingeführt. Er gilt als Sammelbezeichnung für die Zukunftswissenschaften als Querschnittsdisziplin.

Gegen-Trend, Anti-Trend
Gegen- und Anti-Trends entwickeln sich quasi als Gegenbewegung zu einem →Megatrend oder dominanten →soziokulturellen Trend. So ist etwa der Cocooning-Trend eine Gegenreaktion auf die zunehmende Mobilität oder der Authentic-Trend eine Form der Abgrenzung gegenüber der steigenden Verbreitung von Massenprodukten.

Da Systeme, Gesellschaften und Menschen immer dazu tendieren, sich im Zuge sozialer Evolution »auszubalancieren«, kommt es bei jedem dominanten Fortschritt und jeder progressiven Entwicklung immer auch zu einem »Backlash«. Häufig bilden sich dann wieder neue Synthesen aus Gegen-Trend und eigentlichem Trend. Folglich darf nicht davon ausgegangen werden, der Gegen-Trend sei im Vergleich zum eigentlichen Trend irrelevant und daher zu vernachlässigen. Die Dynamik von Trend und Gegen-Trend zu erkennen und zu verstehen ist eine wichtige Aufgabe der Trendforschung.

Hype

Als Hype wird ein modisch-aktuelles Gegenwartsphänomen im Konsum- und Produktbereich bezeichnet, das als radikale Neuerung erscheint und innerhalb kürzester Zeit hohe Aufmerksamkeit und Attraktivität erlangt. Ein Hype ist aber in der Regel nicht von langer Dauer, seine Wirkung hält nur vergleichsweise kurz an – nicht zuletzt, weil er oft von Marketingstrategen künstlich gepusht und als bahnbrechender Trend verkauft wird. So schnell wie er in aller Munde ist, ist er dann allerdings oft auch wieder verschwunden. Weil viele Entscheider in Management und Marketing das nicht erkennen, werden die Marktchancen und das Innovationspotenzial eines Hypes häufig überschätzt.

Konsumententrends

Konsumententrends sind Teil eines komplexen Systems von Kategorien, die hierarchisch aufeinander aufbauen und logisch miteinander verschränkt sind. Sie haben in der Regel eine Halbwertzeit von 10 bis 15 Jahren, unterscheiden sich schon dadurch erheblich von dem, was landläufig unter dem Begriff Trend gehandelt wird. Die Technik-Gadgets, Saisonphänomene und angesagten Produkte, von denen im Volksmund die Rede ist, wenn es um Trends geht, sind kurzfristige Phänomene an der Oberfläche unserer Alltagskultur und letztlich nichts anderes als Produktmoden. Solche Produktmoden haben zwar oft etwas mit den Konsumententrends zu tun – sie müssen darin verankert sein, um zu funktionieren – die tiefer liegende Ursache für das Funktionieren eines solchen Produkttrends muss in Form des Konsumententrends jedoch immer bereits vorhanden sein, sonst laufen sie ins Leere.

Kontextanalyse

Die ist eine Methode der Trendforschung. Will man neue Phänomene oder Veränderungsprozesse nicht einfach nur benennen und nachzeichnen, sondern auch verstehen, woher sie kommen oder warum sich Entwicklungen so und nicht anders vollziehen, muss man sie in ihrem Umfeld – eben in ihrem Kontext – analysieren. Hierfür werden Statistiken und Studien herangezogen, Best-Practice- und Fallanalysen (Case Studies) durchgeführt sowie kulturelle Ausdrucksphänomene, so genannte Signifikanten, gedeutet. Die Kontextanalyse ist eine wichtige Ergänzung der Trendanalyse, wenn es um die Bewertung von →Trends für Unternehmen, Branchen, Märkte oder die Zukunft generell geht, etwa um Risken und Chancen besser einschätzen zu können.

Kontextlogik
Die Kontextlogik ist nötig, wenn Trendforscher den Wissenstransfer in Wirkkontexte und die Einbindung des Trendwissens in konkrete Handlungsoptionen erreichen möchten. Sie ist die Grundlage für die erfolgreiche Übersetzung des Wissens über →Trends und ihrer Auswirkungen in die Unternehmenspraxis und strategischen Handlungsfelder. Kontextlogik ist aber nicht nur eine von Trendforschern zu erbringende Leistung, wenn es um erfolgreiche Beratungsprozesse geht. Auch Unternehmen müssen lernen, in Kontexten zu denken, wenn sie auf den immer komplexeren Wandel in ihrem Umfeld angemessen reagieren wollen. Kontextlogik ist gewissermaßen die »Linking Dimension« zwischen der Sphäre des Trenddenkens einerseits und der Sphäre des strategischen Denkens von Management und Marketing andererseits.

Megatrends
Der Begriff Megatrends geht auf den Begründer der modernen Zukunftsforschung John Naisbitt zurück. Megatrends sind gewissermaßen die »Blockbuster« des Wandels. Drei Voraussetzungen müssen gegeben sein, damit man von einem Megatrend sprechen kann:

- Der Trend muss eine Halbwertzeit von mindestens 30 bis 50 Jahren haben.
- Er muss in allen möglichen Gesellschaftsbereichen Auswirkungen zeigen, nicht nur im Konsumverhalten, sondern auch im Wertewandel, in der Ökonomie, im politischen System und so weiter.
- Megatrends haben prinzipiell einen globalen Charakter, das heißt, auch wenn sie nicht überall gleichzeitig stark ausgeprägt sind, machen sie sich doch früher oder später in allen Teilen der Welt bemerkbar.

Monitoring und Scanning
Als Monitoring und Scanning wird weitgehend ein und dieselbe Methode der Trend- und Zukunftsforschung bezeichnet. Dabei handelt es sich um die systematische Beobachtung, Erfassung und Dokumentation eines oder mehrerer Trends in ihrem zeitlichen Verlauf mit Hilfe unterschiedlicher Techniken. Ziele sind die Generierung von Trendwissen durch die Reduktion von Komplexität, die Verdichtung von Information sowie die Unterscheidung des Relevanten vom Nicht-Relevanten.

Während ein Scanning zuweilen auch adhoc zum Beispiel im Rahmen einer →Kontextanalyse erfolgen kann, ist das Monitoring eine stärker in die Zukunft gerichtete, kontinuierliche Langzeitbeobachtung. Beides zielt jedoch gleichermaßen auf die Früherkennung und kann somit in der strategischen Planung oder als Grundlage von Steuerungsinstrumenten von Unternehmen wichtig sein.

Prognose
Die Prognose ist ein allgemeiner Begriff für die Vorhersage eines Endzustands zu einem künftigen Zeitpunkt oder innerhalb eines bestimmten Zeithorizonts (kurz-, mittel- oder langfristig). Prognosen werden entweder auf Basis statistischer Modelle berechnet beziehungsweise »geschätzt« oder auf Basis plausibel begründeter Experteneinschätzung abgegeben. Prognosen werden dann erstellt, wenn die Einflussfaktoren beziehungsweise Variablen, die sich auf den Untersuchungsgegenstand auswirken, relativ gut bekannt sind. Das Problem an statistisch hergeleiteten Prognosen ist, dass sie häufig besonders hohe Genauigkeit und Verlässlichkeit suggerieren. Tatsächlich aber ist mit ihnen vielfach ein relativ hohes Maß an Unsicherheit verbunden. Entweder, weil sie auf wenig belastbaren Daten basieren, oder weil die statistisch-mathematischen Modelle zur Abschätzung nur einzelne Einflussfaktoren berücksichtigen, viele andere, nicht zu kontrollierende Variablen aber ausschließen, um überhaupt zu einigermaßen »genauen« Ergebnissen zu gelangen. Häufig wird dabei aber die Komplexität vieler Wandlungssysteme unzulässig stark reduziert.

Prognostisches Paradox
Viele abgegebene Prognosen erzeugen ein unvermeidliches so genanntes prognostisches Paradox: Durch die Reaktion, die auf sie erfolgt, ändert sich ihr Ausgang. Schenkt die Mehrheit einer Prognose Glauben und passt ihr Verhalten entsprechend an, entsteht eine Reaktionskaskade, die die Prognose

im Sinne einer Self-Fulfilling Prophecy zunächst bestätigt, später aber widerlegt. An der Börse wird das beispielsweise immer wieder gut deutlich: Der Aktienwert eines Unternehmens wird durch den allgemeinen Glauben an den Erfolg nach oben getrieben, um dann schlussendlich doch abzustürzen. Daran zeigt sich, dass es langfristig für Unternehmen keinen Wettbewerbsvorteil bringt, analog dem Herdenverhalten nur auf Trends zu »surfen«.

Projektion
Der Begriff Projektion bezeichnet die häufig sehr eindimensionale Fortführung beziehungsweise Übertragung relativ einfacher Trendentwicklungen in die Zukunft (siehe auch →Trendextrapolation). In einer anderen Bedeutung wird unter »Projektion« auch die Fehleinschätzung durch das Projizieren, also die Übertragung subjektiver Wunschvorstellungen auf die Zukunft verstanden.

Soziokulturelle Trends
Soziokulturelle Trends sind mittelfristige Veränderungen, die von den Lebensgefühlen der Menschen im sozialen Wandel geprägt werden, sich aber auch stark in der Konsumkultur, auf den Märkten und in Produktwelten bemerkbar machen. Die größeren von ihnen haben eine Wirkungsdauer von fünf bis acht Jahren, zum Beispiel der »Geiz-ist-geil«-Trend oder die Wellness-Welle.

Strategisches Forecasting
Das strategische Forecasting gilt als die Königsdisziplin der Trend- und Zukunftsforschung. Diese Vorausschau auf künftige Entwicklungen und Ereignisse zielt auf die Implementierung von Trend- und Zukunftswissen in komplexe wirtschaftliche Prozesse und Unternehmensstrategien (siehe auch →Corporate Foresight). Dies findet zumeist in unternehmensinternen Think-Tanks oder Strategiemeetings statt, um die strategische Grundausrichtung eines Unternehmens mittels →Szenarioprozessen und Trendwissen zu überprüfen und gegebenenfalls anzupassen. Strategisches Forecasting dient somit der strategischen Planung und Steuerung.

Royal Dutch Shell begann bereits Anfang der 70er Jahre damit und war dadurch 1973 als einziger Öl-Konzern der Welt auf die erste und bislang folgenreichste Ölkrise vorbereitet.

Auch heute greifen Unternehmen wie auch Regierungen auf Strategisches Forecasting zurück, um zum Beispiel die vielseitigen und komplexen Herausforderungen der Globalisierung zu identifizieren und sich besser darauf vorbereiten zu können.

Szenarien, Szenarioprozesse
Szenarien sind heute fester Bestandteil der Methoden der Zukunftsforschung – egal, ob es um die langfristige Strategieplanung, um Innovationsprozesse oder die Leitbildentwicklung (→Vision) geht. Ein Szenario ist ein in sich konsistentes Zukunftsbild, das auf Basis relevanter Trends, künftiger Herausforderungen sowie unter Umständen auch eigener Zielvorgaben und Zielvorstellungen entworfen wird. In der Regel verwendet man mehrere alternative Szenarien, um mögliche Varianten aufzuzeigen. Obwohl sie keine →Prognosen sind, dienen Szenarien der plausiblen Abschätzung von bestimmten Entwicklungsverläufen beziehungsweise der Vorhersage künftiger Situationen (zum Beispiel von Unternehmen, Gesellschaften, Märkten) unter Voraussetzung unterschiedlicher Bedingungen. Sie haben den Vorteil, dass man an ihnen kritische Entscheidungspunkte identifizieren und mögliche Handlungsoptionen verdeutlichen kann. Sie helfen damit, Unternehmen oder andere Organisationen für mögliche Veränderung zu sensibilisieren und Innovationspotenziale zu erkunden.

Think-Tank
Als Think-Tank wird eine Forschungseinrichtung bezeichnet, die sich vor allem auch mit der strategischen Beratung befasst. Diese strategische Arbeit bringt es mit sich, dass sich die Wissenschaftler und Experten in den Think-Tanks immer auch mit Zukunftsfragen und Trendanalysen befassen. Think-Tanks sind in der Regel eigenständige Unternehmen oder unternehmensinterne Strategieabteilungen. Historisch und aktuell kommt ihnen oft auch ein gewisser politischer Einfluss zu, weil ihre Mitarbeiter vielfach auch als Berater für Regierungen, Parteien und Verbände arbeiten.

Das eher selten gebrauchte deutsche Synonym »Denkfabrik« macht die besondere Funktion und Sonderstellung der Think-Tanks deutlich: Sie waren schon im alten Industriezeitalter die ersten Einrichtungen, die sich ausschließlich mit Wissensarbeit befasst haben.

Trend
Ein Trend beschreibt die Richtung, in die eine Entwicklung geht, also einen Prozess, eine Bewegung im Zeitverlauf. Die Trend- und Zukunftsforschung befasst sich mit den Veränderungen in diesen Entwicklungen, also

mit Wandlungsprozessen und neuen Bewegungen. Trends lassen sich in den unterschiedlichsten Bereichen beobachten: von der Ökonomie über das politische System bis zur Konsumwelt. In der Alltagssprache ist der Begriff »Trend« heute oft gleichbedeutend mit einer aktuellen Mode und kurzfristigen Konsumphänomenen. Mit dieser Art von Modetrends hat die moderne Trend- und Zukunftsforschung allerdings allenfalls am Rande zu tun. Die Trend- und Zukunftsforschung arbeitet mit einem hierarchischen System, in dem mehrere Arten von Trends unterschieden werden: →Metatrends, →Megatrends, →soziokulturelle Trends, →Konsumententrends. Die kurzfristigsten sind Produkttrends und Modetrends; sie sind flüchtige, oberflächliche und marketing-gesteuerte Phänomene, die eher im Bereich einer Saison stattfinden.

Trendextrapolation (s. auch →Projektion)
Die Trendextrapolation ist eine Prognosetechnik zur Vorhersage künftiger Entwicklungen. Dabei wird ein →Trend auf Basis seines bisherigen Verlaufs in die Zukunft fortgeschrieben. Diese Fortschreibung der Trendlinie wird in der Regel durch mathematische beziehungsweise statistische Formeln ermittelt. Das Problem einer Trendextrapolation ist, dass davon ausgegangen wird, dass die bisher beobachtete Entwicklung sich genauso fortsetzen wird. Mögliche Ereignisse, die den Trend beeinflussen oder gar umkehren könnten, werden jedoch nicht berücksichtig.

Trendforschung
Die Trendforschung ist die Wissenschaft von Wandlungssystemen und Veränderungsprozessen, mit dem Ziel der (Früh-)Erkennung, Benennung und Bewertung sozialer, ökonomischer und kultureller Entwicklungen beziehungsweise Veränderungen. Diese Wandlungssysteme und Veränderungsprozesse können sich kurz-, mittel- oder langfristig vollziehen und in unterschiedlichen gesellschaftlichen Funktionssystemen (Wirtschaft, Wissenschaft, Politik, Kultur, Religion und so weiter) oder entsprechenden Teilsystemen (Konsum, Branchen und Märkte, Medien, politische Kultur, Familienformen und so weiter) stattfinden. →Trends werden vor allem anhand ihrer zeitlichen Dimension (Wirkungsdauer) und ihrer Relevanz (Wirkungsmächtigkeit) unterschieden. Bediente sich die Trendforschung lange Zeit vorrangig quantitativer, statistisch-mathematischer Analysemodelle (standardisierte Methoden), setzt sich zunehmend die Einsicht durch, dass sich die Komplexität des Wandels in Wirtschaft und Gesellschaft

heute nicht mehr mit den traditionellen Prognoseinstrumenten und der eindimensionalen →Trendextrapolation adäquat erfassen und abbilden lässt. Qualitative Methoden werden daher immer wichtiger.

Trend-Opportunismus
Als Trend-Opportunismus bezeichnet man den Hang, sich anpasserisch, eben opportunistisch nach Trendansagen zu verhalten. In der Hoffnung von einem angesagten Trend zu profitieren, rennen Trend-Opportunisten ohne wirkliches Trendwissen und analytisches Verständnis einem →Hype hinterher und versuchen reihenweise, quasi auf einen anfahrenden Zug aufzuspringen, bis dieser letztlich zum Stehen kommt. Mit diesem Herdenverhalten verschaffen sich Unternehmen aber keinen langfristigen Wettbewerbsvorteil.

Trendscout
Trendscouting, also der Einsatz von Trendscouts, ist eine Methode zur Identifikation und Beobachtung aktueller Gegenwartsphänomene. Trendscouts sind Personen, die in die Welt hinausgeschickt werden, um vor Ort, in Discotheken, Clubs, Shops, auf Events und so weiter oder allgemein in fremden Ländern und Metropolen, Neues, bisher Unbekanntes zu beobachten, sich mit trendaffinen Personen – so genannten Early Adoptern oder Innovatoren – zu unterhalten und diese Erfahrungen zu dokumentieren. Die so gewonnenen Erkenntnisse fließen in Trend- und Kontextanalysen ein. Der Vorteil daran ist, dass man so Einblicke in Situationen und Kontexte bekommt, zu denen man als Wissenschaftler und Trendforscher sonst keinen oder nur schwer Zugang hat (zum Beispiel Jugendszenen, Subkulturen, Avantgarden, ferne Länder und Großstädte). Obwohl die teilnehmende und nicht-teilnehmende Beobachtung fester Bestandteil der empirischen Sozialforschung und Anthropologie ist, haben sich Trendscouting-Systeme als Instrument der Trendforschung nie wirklich dauerhaft bewährt. Zu subjektiv ist die Wahrnehmung, zu wenig lassen sich die Resultate strukturieren und verifizieren. Ein weiteres entscheidendes Problem: Beim Trendscouting werden oftmals Produkttrends und Moden mit soziokulturellen →Trends verwechselt.

Vision
Eine Vision ist ein starkes Bild einer möglichen Zukunft. Visionen haben oft die Funktion von Leitbildern, die bestimmte Zielvorstellungen, Vorstel-

lungen über eine wünschenswerte Zukunft spiegeln und transportieren (sollen). Die Entwicklung von Leitbildern kann auch Teil der Arbeit von Zukunftsforschern zum Beispiel im Rahmen von →Corporate Foresight sein. Sie sind vor allem dann hilfreich, wenn es darum geht, die Zukunft aktiv zu gestalten. Die Herausforderung besteht allerdings darin, komplexe Sachverhalte nicht zu stark zu vereinfachen und dennoch zu leicht verständlichen und eindrücklichen Bildern zu gelangen.

Wargaming
Wargaming ist eine Methode der strategischen Zukunftsplanung, die aus der Verbindung von klassischer Beratung und angewandter Spieltheorie entwickelt wurde. Der Begriff geht auf die »Kriegsspiele« während des Kalten Krieges zurück, als in den USA Zukunftsforscher in den →Think-Tanks in aufwändigen →Szenarien mögliche Verläufe eines globalen Blockkonflikts und/oder (Atom-)Krieges simulierten. Beim Wargaming werden komplexe strategische Entscheidungen und Abläufe in mehrtägigen Simulationen durchgespielt, mit bisweilen mehreren hundert Teilnehmern. Dabei wird der Blick bis zu 30 Jahre in die Zukunft gerichtet. In der Praxis der Unternehmensberatung hat insbesondere die Firma Booz Allen Hamilton das Wargaming als Methode entwickelt und wendet sie bis heute mit Erfolg an.

Wild Cards
Als Wild Cards bezeichnet man überraschende Störereignisse, die sich durch eine geringe Wahrscheinlichkeit, zugleich aber durch potenziell weit reichende Folgewirkungen auszeichnen und dadurch den Verlauf von Entwicklungen durcheinanderbringen können. Das Spektrum solcher Wild Cards reicht von Naturkatastrophen und weltweiten Seuchen über Wirtschaftskrisen bis hin zu bahnbrechenden Erfindungen. Die Ölkrise von 1973, der Reaktorunfall in Tschernobyl, das Erdbeben von Kobe oder die Terroranschläge vom 11. September 2001 waren solche Wild Cards mit beträchtlichen Folgen, aber ebenso der Fall der Berliner Mauer.

Die Berücksichtigung von Wild Cards in →Szenarien kann helfen, Unternehmen oder andere Organisationen für prinzipiell mögliche, wenn auch unwahrscheinliche Veränderung zu sensibilisieren und so ihre Krisenanfälligkeit zu verringern. Im Zweifelsfall haben dann solche Unternehmen gegenüber Wettbewerbern einen entscheidenden Wettbewerbsvorteil, wenn sie auch auf wenig wahrscheinliche Situationen vorbereit und schnell handlungsfähig sind.

Zukunftsforschung
Die Zukunftsforschung ist die Wissenschaft der Auswirkungen von Veränderungsprozessen auf die Zukunft. Oder anders ausgedrückt: Die Zukunftsforschung untersucht die Konsequenzen von →Trends auf künftige Ereignisse. Sie hat damit einen strategisch-planerischen Fokus. Entscheidend für das Verständnis der Forschungsdisziplin ist: Plausible und valide Aussagen über die Zukunft lassen sich nur auf Basis der genauen Kenntnis von Vergangenheit und Gegenwart ableiten. So sind die Erkenntnisse der Zukunftsforschung zwar naturgemäß spekulativ und immer mit einem mehr oder weniger großen Unsicherheitsfaktor versehen. Sie werden jedoch keineswegs aus einem bloßem Spekulieren über das »Was-wäre-wenn«, dem Philosophieren über Wahrscheinlichkeiten und/oder visionärem Denken gewonnen, sondern belastbare Resultate der →Trendforschung, Geschichtswissen und Gegenwartsanalysen sind ebenso unverzichtbare Bestandteile der Zukunftsforschung wie ein anerkanntes Methodenset.

Literatur

Anderson, Chris: *The Long Tail – Der lange Schwanz*, München 2007

Barabási, Alert-László: *Linked. How Everything Is connected to Everything Else and What It Means for Business, Science, and Everyday Life*, New York 2003
Becker, A./Mehr, C./Nau, H.H./ Ruter, G./Stegmüller, D.: *Gene, Meme und Gehirne. Geist und Gesellschaft als Natur. Eine Debatte*, Frankfurt am Main 2003
Bertelsmann Stiftung: *Was kommt nach der Informationsgesellschaft? 11 Antworten*, Gütersloh 2002
Boia, Lucian: *Forever Young. A Cultural History of Longevity*, London 2004
Bolz, Norbert: *Das konsumistische Manifest*, München 2002
Bono, Edward de: *How to have a Beautiful Mind*, London 2004
Brehmer, Arthur: *Die Welt in 100 Jahren*. Berlin 1910, Nachdruck 1988 Hildesheim/Zürich/NewYork 1988

Castells, Manuel: *Das Informationszeitalter II – Die Macht der Identität*, Opladen 2002

Davenport, Thomas H./Beck, John C.: *The Attention Economy. Understanding the New Currency of Business*, Boston/Massachusetts 2001
Diamond, Jared: *Collapse. How Societies Choose to Fail or Succeed*, New York 2005

Easterbrook, Gregg: *The Progress Paradox. How Life Gets Better While People Feel Worse*, New York 2003
Ettenberg, Elliott: *The Next Economy. Will you Know Where your Customers are?* New York 2002

Florida, Richard: *The Rise of the Creative Class: And how it's transforming work, leisure, community & everyday life*, Basic Books, USA 2002
Friedman, Thomas L.: *Die Welt ist flach. Eine kurze Geschichte des 21. Jahrhunderts*, Frankfurt am Main 2006
Fukuyama, Francis: *Staaten Bauen. Die neue Herausforderung internationaler Politik*, Berlin 2004

Gladwell, Malcom: *Blink! Die Macht des Moments*, Campus Verlag, Frankfurt am Main/New York 2005
Gladwell, Malcom: *Der Tipping Point. Wie kleine Dinge Großes bewirken können*, München 2002
Greenfield, Susan: *Tomorrow's People. How 21st-Century-Technology is Changing the Way We Think and Feel*, London 2003
Gribbin, John: *Deep Simplicity, Chaos, Complexity and the Emergence of Life*, London 2004

Haderlein, Andreas: *Marketing 2.0 – Von der Masse zur Community*, Zukunftsinstitut GmbH, Kelkheim 2006
Hippel, Eric von: *Democratizing Innovation*, Cambridge 2005
Horx, Matthias/Wenzel, Eike/Rauch, Christian: *Global Trends Monitor. Die relevantesten weltweiten Entwicklungen in Wirtschaft und Gesellschaft*, Zukunftsinstitut GmbH, Kelkheim 2006
Horx, Matthias: *Die acht Sphären der Zukunft. Ein Wegweiser in die Kultur des 21. Jahrhunderts*. (3. Auflage), Frankfurt am Main 2000
Horx, Matthias: *Future Fitness. Wie Sie Ihre Zukunftskompetenz erhöhen. Ein Handbuch für Entscheider*, Frankfurt am Main 2003
Horx, Matthias: *Trend-Report 2007. Soziokulturelle Schlüsseltrends für die Märkte von morgen*, Zukunftsinstitut GmbH, Kelkheim 2006
Horx, Matthias: *Wie wir leben werden – Unsere Zukunft beginnt jetzt*, Frankfurt am Main/New York 2005
Huber, Jeanette: *Innovation Economy 2006*, Zukunftsinstitut GmbH, Kelkheim 2006
Huesemann, Anette/Kirig, Anja/Wenzel, Eike: *Gesundheitstrends 2010. Von der Symptom-Medizin zur neuen Gesundheitskultur*, Zukunftsinstitut GmbH, Kelkheim 2006

Illouz, Eva: *Der Konsum der Romantik. Liebe und die kulturellen Widersprüche des Kapitalismus*, Frankfurt am Main/New York 2003

Jaworski, Jürgen/Zurlino Frank: *Innovationskultur: Vom Leidensdruck zur Leidenschaft*, Frankfurt am Main/New York 2007
Johansson, Frans: *The Medici Effect. Breakthrough Insights at the Intersection of Ideas, Concepts and Cultures*, Boston/Massachusetts 2004

Kim, W. Chan/Mauborgne, Renée: *Blue Ocean Strategy. How to Create Uncontested Market Space and Make the Competition Irrelevant*, Boston/Massachusetts 2005
Köhler, Susanne/Haderlein, Andreas: *Die neue Business-Moral: CSR prägt die Märkte von morgen*, Zukunftsinstitut GmbH, Kelkheim 2007

Lawrence, Paul R./Nohria, Nitin: *DRIVEN. Was Menschen und Organisationen antreibt*, Stuttgart 2003

Layard, Richard: *Die glückliche Gesellschaft. Kurswechsel für Politik und Wirtschaft*, Frankfurt am Main/New York 2005
Levine, Robert: *Die große Verführung. Psychologie der Manipulation*, München 2005

Mathews, Ryan/Wacker, Watts: *Bunte Hunde. Mit abseitigen Ideen zum Erfolg*, Hamburg 2003
Maxeiner, Dirk/Miersch, Michael: *Die Zukunft und ihre Feinde. Wie Fortschrittspessimisten unsere Gesellschaft lähmen*, Frankfurt am Main 2002
Mello, Sheila: *Customer-Centric Product Definition. The Key to Great Product Development*, New York 2002
Mutius, Bernhard con (Hg.): *Die andere Intelligenz. Wie wir morgen denken werden*, Stuttgart 2004

Naisbitt, John: *Mind Set! Wie wir die Zukunft entschlüsseln*, München 2007
Naisbitt, John: *Megatrends. Vorhersagen für Morgen*, Bayreuth 1982
Nefiodow, Leo A.: *Der sechste Kondratieff. Wege zur Produktivität und Vollbeschäftigung im Zeitalter der Information*, Sankt Augustin 2001

Peters, Tom: *Re-Imagine. Business Excellence in a Disruptive Age*, London 2003
Prahalad, C.K.: *The Fortune at the Bottom of the Pyramid*, Upper Saddle River 2005

Reich, Robert B.: *The Future of Success. Wie wir morgen arbeiten werden*, München 2004

Sacks, Jonathan: *The Dignity of Difference. How to Avoid the Clash of Civilizations*, London/New York 2003
Schulze, Gerhard: *Die beste aller Welten. Wohin bewegt sich die Gesellschaft im 21. Jahundert*, München/Wien 2003
Schwartz, Barry: *The Paradox of Choice. Why more is less*, New York 2004
Steinle, Andreas: *Service-Märkte – Die Neuen Dienstleister*, Zukunftsinstitut GmbH, Kelkheim, 2006
Steinle, Andreas/Wippermann, Peter: *Trend 2004. Arbeit – Freizeit – Eigenzeit. Denkanstöße für Wirtschaft, Medien und Gesellschaft*, München 2003
Steinmüller, Angela/Steinmüller, Karlheinz: *Ungezähmte Zukunft. Wild Cards und die Grenzen der Berechenbarkeit*, München 2003
Sterling, Bruce: *Tomorrow Now. Envisioning the Next 50 Years*, New York 2003
Strathern, Oona: *A Brief History of the Future (Brief History)*, London 2007
Surowiecki, James: *The Wisdom of Crowds. Why the Many Are Smarter than the Few and How Collective Wisdom Shapes Business, Economies, Societies, and Nations*, New York 2004

Wacker, Watts/Mathews, Ryan: *The Deviants Advantage. How to use Fringe Ideas to create Mass Markets*, New York 2002

Wenzel, Eike/Kirig, Anja/Rauch, Christian: *Zielgruppe LOHAS – Wie der grüne Lifestyle die Märkte erobert*, Zukunftsinstitut GmbH, Kelkheim, 2007

Wolf, Martin: *Why Globalisation Works. The Case for the Global Market Economy*, London 2004

Zuboff, Shoshana/Maxim, James: *The Support Economy. Why Corporations are Failing and the Next Episode of Capitalism*, New York 2002

Zukunftsinstitut GmbH: *MEGATREND Dokumentation, 250 Schlüsselfolien zu Trendentwicklungen*, Zukunftsinstitut GmbH, Kelkheim 2005

Die CD-ROM zum Buch

Sehr geehrte Damen und Herren, liebe Zukunftsinteressierte,

in Zeiten der permanenten Informationsüberflutung ist es wichtig, den Blick für das Wesentliche zu gewinnen und zu bewahren. Management-Ratgeber gibt es zahlreiche; deshalb erhalten Sie mit »Zukunft machen« und der dazugehörigen CD-ROM ein Handbuch der besonderen Art.

»Zukunft machen« ist ein Buch, mit dem Sie richtig arbeiten können und auch sollen. Auf der CD-ROM finden Sie deshalb sämtliche Abbildungen, Tabellen und Übungen aus dem Buch wieder. Das ermöglicht strukturiertes Arbeiten und bietet Mehrwert, denn

- so können Sie die Arbeitsblätter anhand der CD-ROM auch am Computer bearbeiten;
- Sie können die Arbeitsmaterialien interaktiv im Mitarbeiter- und Kollegenkreis einsetzen;
- die CD-ROM beinhaltet weitere Grafiken, um einzelne Themenkomplexe und Gliederungspunkte des Buches zu vertiefen und Ihnen zusätzliches Bildmaterial an die Hand zu geben;
- Sie können sämtliche Schaubilder für Ihre Präsentationen nutzen und
- Sie können jede Übung und jedes Chart je nach Bedarf erneut ausdrucken und haben somit immer wieder eine Blanko-Vorlage.

Schließlich möchten wir mit »Zukunft machen« dazu beitragen, Zukunft nicht als Angstformel zu sehen, sondern aktiv am Wandel mitzuwirken. Die Zukunft ist machbar, sie liegt in unseren Händen!

Viel Spaß wünschen Ihnen

Matthias Horx, Jeanette Huber, Andreas Steinle, Dr. Eike Wenzel

P.S.: Bei Rückfragen stehen wir immer gern zur Verfügung: info@zukunfts-institut.de

Anmerkungen

1 Siehe auch: Strathern, Oona: *A brief history of the Future*, London 2007
2 Etwa: Kurzweil, Ray: *The Singularity Is Near. When Humans Transcend Biology*, Viking Adult, September 2005
3 Ebenda
4 Strathern, Oona: *A brief history of the Future*, London 2007
5 Hermann Hesse 1920 in einem Brief an einen Freund.
6 *New Amazonia – A Foretaste of the Future*, 1889 (veröffentlicht unter dem Namen ihres Mannes)
7 Strathern, Oona: *A brief history of the Future*, London 2007
8 Ebenda
9 Ebenda
10 McLuhan, Marshall: *Understanding Media*, ((Ort?)) 1964
11 Strathern, Oona: *A brief history of the Future*, London 2007
12 Ebenda
13 Mandel, Michael J.: *The Coming Internet Depression*, 1999
14 Strathern, Oona: *A brief history of the Future*, London 2007
15 Sergei Scherbov und Warren C. Sanderson: *Average remaining lifetimes can increase as human populations age*, Nature Bd. 435, June 2005
16 Ebenda
17 Brockmann, Hilke: *Why is less money spent on health care for the elderly than for the rest of the population?* Social Science Medicine Bd. 55, 2002
18 Johannes Heesters in der SZ vom 30./31.12.2006
19 Studie der Hongkong und Shanghai Banking Corporation aus dem Jahr 2004. Bericht in der NZZ vom 15.05.2005
20 Elisabeth Noelle-Neumann in einem Interview der FAS vom 16.04.2006
21 Ebenda
22 Bert Rürup im Spiegel Spezial: *Jung im Kopf. Die Chancen der alternden Gesellschaft*, Nr. 8 in 2006
23 Huesmann, Annette, Wenzel, Eike und Kirig, Anja: *Gesundheitstrends 2010*, Kelkheim 2006
24 Händeler, Erik: *Kommentar zum Seminar der Zukunftsakademie »Megatrend Gesundheit«*, August 2006

25 John Barlow (überliefertes Zitat)
26 Florida, Richard in: *The Rise of the Creative Class*, New York u.a. 2002
27 Ebenda
28 Zuboff, Shosha und Maxmin, James: *The Support Economy*, 2004
29 Horx, Matthias: *Wie wir leben werden*, Frankfurt 2006
30 Quelle: OECD und Eurostat
31 Culombe, Serge, Tremblay, Jean Francois: *Litarary Sucess*, Statistics Canada 2004
32 Horx, Matthias: *Wie wir leben werden*, Frankfurt 2006
33 Zukunftsinstitut: *HyperConsuming 2010*, Kelkheim 2005
34 Ebenda
35 Statistisches Jahrbuch 2005
36 Stern 26/2006
37 Horx, Matthias: *Trend-Report 2007*, Kelkheim 2006
38 Der Spiegel 48/2006
39 Deutsche Bank: Bewerbungsunterlagen für den Zukunftsaward 2006
40 Coburn, Pip: *The Change Function*, 2006
41 Business Week, September 2004
42 Technology Review, Mai 2005
43 Anderson, Chris: *The Long Tail. Why the Future of Business Is Selling Less of More*, New York, 2007
44 Shirky, Clay: *Power Laws, Weblogs and Inequality*, 2003
45 Fabio, Udo di: *Die Kultur der Freiheit*, 2005
46 Roland Tichy im Handelsblatt: *Die schicken Neo-Ökos*, 27.04.2006
47 Ray, Paul H. und Anderson, Sherry Ruth: *The Cultural Creatives*, October 2006
48 Online Music in Europe: *Market assessment and forecast*, Goldman/Screen Digest, August 2006
49 Ebenda
50 Wenzel, Eike und Kirig, Anja: *Tourismus 2020. Die neuen Sehnsuchtsmärkte*, Kelkheim 2006

Register

Alle Begriffe aus dem Trend-Glossar sind kursiviert.

3-D-Innovation 104 ff.
3I 26

Abgrenzung 22, 154, 177
Abgrenzungseffekt, kognitiver 21
Ahnenkult 11
Allgemeinwissen, verknüpftes 20
Alltagskomplexität 54
Alltagswelt, Ästhetisierung der 112
Alnatura 149 ff.
Alte, junge 42
Alter, Lebensphasen des 39
Alterung 17, 32 ff., 72 ff., 83, 91, 148
Amalrik, Andrej 18
Anderson, Chris 133
Anderson, Laurie 10
Anderson, Ruth 144
Angebotstransparenz 91
Anti-Trend 177 f.
Apokalypse 14
Archetypen 14
Aristoteles 12
Aufklärung 13
Aufsteigermärkte 90, 118, 128, 171
Aufsteigermärkte, globale 118
Außenverpackung 107
Authentizität, Streben nach 145

Barlow, John 50
Bedarfsanalyse 16

Bedürfnisse, menschliche 53, 112, 113, 140 ff.
Bedürfnisse, vor- und nachgelagerte 79
Behauptungslogik 26
Bellamy, Edward 18
Berührungspunkte 105
Best Ager 146, 147
Bestätigung 22
Best-Practice-Beispiele 8
Bewusstsein, historisches 11
Beziehungsmuster, neue 62
Bildung 55 ff.
Bildungsmarkt 58
Biotrend 150
Bolz, Norbert 23
Bosch, Margareta van den 67
Branchenlogik, engstirnige 156
Brandenburg, Prof. Karlheinz 156
Brockmann, Hilke 39
Browne, Junius Henry 16
Buchholz, Bernd 46
Burgoyne Corbett, Elisabeth 17
Business-Innovation 168

Cairncross, Alan 30
Chartmill, Robert 16
Cheap Chic 91 ff.
Cheap-Chic-Segment, Erobern des 172, 173
Chesterton, Gilbert H. 24

Clinton, Hillary 59
Club of Rome 19
Coburn, Pip 104
Cocooning 100, 163, 165, 177
Commodities 88
Content, zeitunabhängiger 156
Corporate Social Responsibility 113
Corporate Foresight 176, 181, 185
Cross-Coaching 59
Cultural Creatives 144

Da Vinci, Leonardo 13
Dali, Salvador 175
Delphi, Orakel von 12, 176
Delphi-Methode 29, 176
Delphi-Panel 68
Derrida, Jacques 144
Dienstleistungsgesellschaft 50
Differenzierungsgrad 85, 87
Digitalisierung 36, 75, 89, 90
Discountmärkte 95
Distanzierungseffekt 22
Distributionskanäle 129
Diversifikation 128
Doomsayer 14
Driving Forces 7
Drucker, Peter 18

Economies of Scale 86
Edutainment 58
Eigene Interessen, Projektion 19
Eigenmarken 97
Eingebungen, geniale 82
Elite, gesellschaftliche 143
Empfehlungen 131, 161
Empfehlungssoftware 159, 160, 162
Empowerment-Business 91, 118, 128
Engels, Friedrich 16
Entscheidungshilfen, Geben von 173
Entscheidungskriterium, Design als 113
Entwicklungspolitik 124
Erkenntnisgewinn 22

Erlösungsvisionär 14
Errettung, Intention der 21
Ethik 113-115, 142
Eva-Prinzip 62
Exklusivität 96, 98, 112
Expertensystem 29, 68

Faktor, subjektiver 24
Faktoren, weiche 20
Fehlprognosen, memorierte 15
Feminismus 17, 63
Filterprozess, medialer 21
Flexibilität 45, 51, 161, 162
Floprate 104
Florida, Richard 52
Flynn, James R. 55
Folgerecherchen 81
Frauen 59 ff.
Frauen, Emanzipation der 18, 140
Friedensbewegung 14
Frühwarnung 27
Frustrationserlebnisse 117
Functional Food 4
Future Fitness 177
Future Studies 177
Future Thrill 22
Future-Teller 15
Futurismus, idealistischer 14
Futurologie 177

Gates, Bill 118
Gegen-Trend 28, 177 f.
Gemeinschaft 112
Geschäftsprozesse 77
Gesellschaft, Ränder der 67
Gesellschaft, Selbstbeobachtung der 23
Gesellschaften, tribale 11
Gesundheit 44 ff.
Gesundheitsmarkt 46, 48
Gewinnmaximierung 152
Gewissen, soziales 116
Glaubenssysteme, kollektive 28

Glaubwürdigkeit 76, 130
Globalisierungsprozesse 14
Golden Generation 146
Gordon, Theodore J. 29
Graves, Michael 93
Grönemeyer, Dr. Dietrich 45
Gruppe, soziales Potential der 127
Gruppen, lobbyistische 21

Händeler, Erik 47
Hastings, Reed 161
Hausmänner 62
Healthstyle 44, 48
Hedonismus 113, 139
Heesters, Johannes 39, 40
Heidenreich, Elke 131
Hermann, Eva 62
Hesse, Hermann 16
Hohepriester 11
Holl, Helmut 82
Homing 165
Humankapitel 56
Hygienefaktoren 111
Hype 33, 65, 178, 184
Hyperfuturismus 14

Imagebildung 86
Imitation 84
Infotainment 58
Innovation, virtuelle 27
Innovationsfelder, gebündelte 80
Innovationsgrad 85
Innovationsprozess, Öffnen des 174
Innovations-Sprechstunde 175
Innovationsstrategien 91
Insellösungen 76
Inspiration 26
Integration 27
Internet-Banking 127
iPod 153 ff.
Irrationalitäten 25
Irritation 27, 104

Jobs, Steve 155
Jugendkult 146

Kamprad, Ingvar 118
Kantaneva, Marko 69
Kategorien, ethische 114
Kaufbarrieren 110, 117
Kaufentscheidungen, Herbeiführen von 132
Kaufkraft 42
Kaufkriterien, emotionale 111 ff.
Kaufkriterien, rationale 104, 107 ff.
Kaufkriterium, Einfachheit 108
Kaufkriterium, Ergebnis als 108
Kaufkriterium, Offenheit als 108
Kaufkriterium, Preis als 108
Kaufkriterium, Zeit als 108
Kaufmuster 131
Kaufsicherheit 106
Klasse, kreative 51
Kocher, Gerhard 138
Kommunikation, interne 8
Komplexitätsfalle 129
Konsum, Feminisierung des 62
Konsum, neuer 136
Konsum, politisch korrekter 140
Konsum, soziale Aspekte 63
Konsumbereiche, neue 128
Konsumbewusstsein 136
Konsument, Begeisterung des 123
Konsument, hybrider 89, 95
Konsument, Ignoranz des 123
Konsumenten, Macht der 89
Konsument, „soft spots" 132
Konsumententrends 31, 98 - 100, 178, 183
Konsumgesellschaft 18
Konsumgesellschaft, globale 15
Konsumlandschaften, neue 136
Kontextanalyse 30, 65, 178 - 180, 184
Kontextlogik 177, 179
Kostentreiber 47

Krankheitskosten 47
Kultur, Feminisierung der 59
Kultur, Zwischentöne der 69
Kulturen, archaische 11
Kulturwandel 9
Kunde, Gebrauchsphase 106
Kunde, Mindset des 27
Kunde, Nutzungsraum des 107
Kunde, Perspektive des 104
Kunden, zukünftige 8
Kundenbedürfnisse 8, 129
Kunden-Clusterung 125
Kundenerfahrung, Optimierung der 117
Kundenfeedback 93, 131, 135
Kundenfilter, kollaborative 131
Kundengruppe, Trendaffinität 98
Kundenmeinungen, kritische 130
Kundensicht, Denken aus 104
Kundenzufriedenheit 104
Kurzweill, Ray 14
Küstenmacher, Werner Tiki 100

Lagerfeld, Karl 94
Langfristprognosen, Qualität 16
Lead User 67, 174
Leben, zunehmende Komplexität 90
Lem, Stanislaw 18
Lernkultur, positive 174, 175
Less for less 92, 93, 96
Lifestyle of Health and Sustainability (LOHAS) 136 ff.
Lifestyle, digitaler 50
Lifestyle-Avantgarde 143
Lifestyle-Coach 49
Lifestyle-Living-Hotels 163 ff.
Life-Work-Balance 44
LOHAS 136-139, 140-145, 148-167
Long Tail 132, 133, 134
Loren, Sophia 36
Lorenzo, Giovanni di 63
Low-interest-Konsum 132

Lütz, Manfred 46
Luxus, neuer 71, 76, 166
Luxus, von morgen 112
Luxusgüter 88
Luxusmärkte 95

Machbarkeit 86
Machbarkeitsanalyse, technische 16
Machtbehauptung 22
Mandel, Michael J. 18
Markenrelevanz 85
Marketing, virales 152
Marketing-Gauklerin 15
Märkte, fragmentierte 129
Märkte, Individualisierung der 90
Märkte, Komplexität der 90
Märkte, müde 88
Marktforscher 7
Marktintention 22
Marktlösung 84
Marktpotential 86
Markttreiber 88, 89, 91
Maslow, A. H. 112 f.
Massenkonsum 113, 128, 145
Massenmarkt 86, 116, 141
Mauer, Fall der 18
Maya 11
Mayer, Marissa 175
McLuhan, Marshall 18
Meadows, Dennis 19
Mehrheitsmeinung 68
Me-Märkte 54
Menschenverstand, gesunder 16, 20
Megatrend 8, 31, 32-35, 36, 53, 65 f., 69 f., 73-79, 81-83, 88-91, 98 f., 103, 136-167, 169 f., 179, 183
Metatrends 30, 31, 183
Micro-Business 123, 124
Mikrokredite 124, 125
Mitte, neue 95
Mittelalter 13

Mobilität 36, 45, 55, 75 ff., 112, 128, 154, 156, 160, 177
Mode 26 ff., 48, 63 ff., 82, 183, 184
Moderne 13
Modetrends 31, 67, 183
Monitoring 27, 30, 180
Moore, Gordon 17
More for less 91, 93, 96-98
More for More 96
Motive, Ansprechen emotionaler 172

Nabokov, Vladimir 10
Nachfragesog, meta-medizinischer 48
Naming 27
Navigation 91, 128, 129, 130, 131, 135
Navigationssysteme 134, 167, 173
Netflix 158 ff.
Neuer Markt, Zusammenbruch 18
Neugier 82, 83, 159, 175
Neukunden, Gewinnung von 99
New Work 50 ff.
Nicht-Kunden, Entdeckung von 171
Nicht-Kunden, Geschäfte mit 99 ff.
Nicht-Kunden, Innovationsentwicklung 103
Nicht-Kunden, Potentialschätzung 103
Nicht-Kunden, Ursachen 103
Nicht-Kunden, Vorbehalte 103
Nische, dauerhafte 86
Nischenmärkte 72
Noelle-Neumann, Elisabeth 41
Nutzergewohnheiten 156

Objektivität 130
OECD-Prognose 19
Onlinehandel 133
Online-Learning 58
Orakel 12, 13, 176
Originale 84

Paradigmen der Begrenzung 14

Paradox, prognostisches 23, 24
Pareto-Prinzip 134
Partnerschaftsmodelle 62
Pattern of Expectation 21
Per-Piece-Ökonomie 161
Personal-Computer 17
Pessimismus 19
Peters, Tom 50
Phantomatik 18
Positionierung, neue 98
Pralahad, C. K. 123
Praxis, unternehmerische 8
Preistransparenz 91, 108
Premiummärkte 89
Premiumsegment 96, 101, 116
Primärverpackung 107
Produkte, Austauschbarkeit 106
Produktionsverhältnisse, Bohemisierung der 52
Produktivitätsfaktor 47
Produktorientierung 105
Prognose 11 f., 15-25, 154, 177, 180-184
Prognosen, Angebotsintentionen 21
Prognosen, eingetretene 16
Prognosen, gelungene 15
Prognosen, Nachfragemotive 22
Prognosen, psychologische Funktionen 22
Prognostisches Paradox 180 f.
prophecy, self-denying 24
prophecy, self-fulfilling 24
Projektion 181, 183
Prosument 132, 134
Prozessbeobachtung 27
Psychologie, evolutionäre 25

Quelch, John 132

Rapport-Techniken 29
Ratings 130, 135
Ray, Paul 138, 143-145

Realität, virtuelle 18
Rehn, Götz 151, 152
Reich-Ranicki, Marcel 131
Reinke, Werner 147
Reiz, kognitiver 21
Renaissance 13
Return on Investment 85-87, 101
Revolution, französische 13
Revolution, industrielle 13
Revolution, russische 16
Rezipient, Reaktion des 24
Rilke, Rainer Maria 32
Rompel, Andreas 157
Rürup, Bert 42

Sanderson, Warren C. 38, 39
Scanning 30, 65, 66, 180
Scanning-Prozesse 30
Schamanen 11
Scherbov, Sergei 38, 39
Schirrmacher, Frank 36
Schlüsselstrategien 91
Schmidt, Helmut 41
Schnaack, Martin 34
Schuldzuweisung 22
Schwarz, Peter 18
Segment of one 141
Sehnsüchte, verborgene 104
Seiwert, Lothar J. 100
Selbstevaluation 11
Selbst-Reflexionsprozess 8
Selbstregulation 11
Selbstverwirklichung 40, 50, 62, 112, 117, 140
Self-Design 165
Selfness 163 ff.
Seniorenprodukte 42, 43
Service-Ökonomie 63
Singularität 14
Sloss, Robert 17
Social Design 166
Sortiment, Reduktion des 129

Sowohl-als-auch-Ethik 144
Sozialwissenschaftler 7
Soziokulturelle Trends 31, 68, 181, 183
Spezialistentum 19
Spielfeld, Schaffen eines eigenen 170
Status-Luxus 163, 164, 166
Sterling, Bruce 27
Stolpersteine 110, 115, 117
Strafintention 22
Strategisches Forecasting 181 f.
Strategien, Entwicklung von 7
Stress-Outsourcing 109
Strunz, Dr. Ulrich 45
Super-Zielgruppe 143
Support-Economy 54
System, prognostisches 23
Systeme, menschliche 24
Szenarien 30, 158, 181, 182
Szenarioprozesse 181 f.

Taxifahrer 68
Technologietrends 31
Think-Tank 2, 7, 12, 18, 169, 181, 182, 185
Third Place 100
Tichy, Roland 138
Tood, Emanuel 18
Transparenz, totale 89
Transzendenz, religiöse 13
Trash-Markets 93
Trendbrüche 30
Trendextrapolation 181, 183 f.
Trendforschung 7 f., 15, 27, 65, 164 f., 176, 178, 183 f., 186
Trendinnovationen, Konzipieren von 83
Trendkategorien, Sortieren nach 169
Trend-Opportunismus 27, 184
Trendportfolio 80, 81
Trendrelevanz 84, 85, 87
Trends, Bewerten von 76
Trends, Erkennen von 65
Trends, Filtern von 69

Trends, langfristige 33
Trends, soziokulturelle 31, 86
Trends, Such- und Sortiersystem 65
Trends, Umsetzen von 82
Trendscout 65, 67, 184
Trend-Scouting 29, 67, 184
Trend-Think-Tanks 7
Trendtypologie 31
Trendwinner 106, 150, 162
Trotzreaktion 24
Trusted Advice 131
Tunnelung 29, 68

Überlegungen, strategische 33
Umweltbewegung 14
Universal Design 43, 44
Unternehmen, Wertschöpfungskette der 77, 78
Unternehmenslogik 104, 117, 168
Unternehmenslogik, Ändern der 168
Utopien, gesellschaftliche 16

Vereinfachung 100, 129
Verhaltenssicherheit 22
Verjüngungsgesellschaft 36
Vertrauen 84, 112–115, 129, 130, 131
Virtual University 58
Vision 11, 182, 184 f.

Wachstumsmärkte 72
Wacker, Watts 55
Wahrnehmungsstruktur 27
Wahrnehmungsveränderung 9
Wandel, demografischer 17
Wandel, sozialer 17, 20
Wargaming 185
Warnung 21, 22
Watkins, John E. 16
Welch, Jack 164
Wells, H. G. 16, 17, 18

Weltkrieg, Zweiter 13, 16, 30
Weltsicht, differenzierte 19
Werte 8, 136 ff.
Wertevermittlung, offensive 151
Wertschöpfungskette, Trendanalyse entlang der 170
Wettbewerbsvorsprung 7
Wild Cards 30, 185 f.
Win-Win-Situationen 127, 128
Wirtschaftswunder 13
Wissensgesellschaft 32, 40, 50, 55, 61
Wissensgesellschaft, globale 55
Wissensökonomie 14, 18, 51, 54, 57
Working Couples 62
Work-Life-Integration 100

Zeitgeist-Propheten 7
Zeitsouveränität 162, 166
Zielgruppen-Denken, herkömmliches 144
Zielgruppenschemata 139
Zuboff, Shoshana 54
Zukunft, Märkte der 91
Zukunftsagent 8
Zukunftsbegriff, rationaler 13
Zukunftsbegriff, zyklischer 11
Zukunftsbewusstsein 177
Zukunftsbilder 10, 14, 182
Zukunftsbürokrat 15
Zukunftseuphorie 13
Zukunftsfeindlichkeit 14
Zukunftsfitness, Messen von 84
Zukunftsforschung 7 f., 10, 23, 26 f., 29 f., 65, 176 f., 179-183, 186
Zukunftshysterien 11
Zukunftspessimismus 13
Zukunftsprognose 11, 19
Zukunftsradar 85, 87
Zukunftsskepsis 14